UNNÜTZES WISSEN OBERÖSTERREICH

Claudia Werner

UNNÜTZES WISSEN OBERÖSTERREICH

Skurrile und außergewöhnliche Fakten zum Angeben

SUTTON

UNNÜTZES WISSEN OBERÖSTERREICH

Mit 11.983 Quadratkilometern ist Oberösterreich flächenmäßig das viertgrößte und mit 1,5 Millionen Einwohnerinnen und Einwohnern bevölkerungsmäßig das drittgrößte Bundesland Österreichs – allerdings das einzige, das mehrmals seinen Namen und seine geografische Lage geändert hat. Nach der habsburgischen Länderteilung 1379 umfasste das Fürstenthum ob der Enns nämlich Tirol und Vorarlberg, Teile des Elsass, der Schweiz und Schwaben. Nach vielen historischen Vorkommnissen mit Habsburgern und Napoleon heißt das frühere Erzherzogtum Österreich ob der Enns erst seit dem 2. November 1918 Oberösterreich.

Erfahren Sie skurrile Fakten, rekordverdächtige Zahlen und bemerkenswerte Ereignisse, die dieses Bundesland so besonders machen. Sie werden sehen, wie viel nützliches Wissen dann doch dabei ist.

Architektonisches

Größte Kirche Österreichs

Der Linzer Dom oder auch Mariendom, exakt: Mariä-Empfängnis-Dom auf einer bebauten Fläche von 5.851 Quadratmetern ist mit seinem Fassungsvermögen von 20.000 Personen die größte Kirche Österreichs und das größte Dombauprojekt Europas seiner Zeit. Die gesamte damalige Stadtbevölkerung sollte darin Platz haben. Der höchste Dom ist er nicht, da er angeblich laut kaiserlichem Bescheid nicht höher als der Stephansdom in Wien sein durfte. Gemessen vom Innen-Fußboden bis zum Turmkreuz ist der Linzer Dom-Turm exakt 133,53 Meter hoch. Der Steffl misst vom Fußboden bis zur Oberkante des Doppeladlers am Turmkreuz 136,56 Meter – Auftrag erfüllt.

Doch nicht die älteste Kirche

Generationen wurde in Schulen gelehrt, dass die Martinskirche auf dem Römerberg in Linz die älteste erhaltene Kirche Österreichs sei – was leider nicht stimmt. Neuere Forschungen ergaben, dass ihre erste urkundliche Erwähnung zwar aus dem Jahr 799 stammt, die Kirche aber nur mehr wenige Mauerreste aus dieser Zeit beinhaltet. Bereits im 10. oder 11. Jahrhundert wurde der komplette Grundriss verändert. Weitere Um- und Ausbauten geschahen im Lauf der kommenden Jahrhunderte so oft, dass von einem originalen Bauwerk aus der Epoche der Romanik keine Rede mehr sein kann.

Pfahlbauten neben dem See

Seit 2011 gehören drei der mehr als 30 jungsteinzeitlichen Pfahlbaustätten in Seewalchen am Attersee zum UNESCO-Welterbe. Entgegen einer weit verbreiteten Ansicht standen die meisten der Attersee-Pfahlbauten jedoch nicht direkt im Seewasser, sondern auf dem Ufer, das höchstens bei Hochwasser überflutet wurde.

Vergeblich gebaute Villa

Die Landesvilla in Bad Hall, berühmtester Jugendstilbau Oberösterreichs, wurde von 1912 bis 1914 nach Plänen des Architekten Mauriz Balzarek errichtet, und zwar für den erwarteten Kuraufenthalt des deutschen Kaisers Wilhelm II. Doch dazu kam es wegen des Ausbruchs des Ersten Weltkriegs nicht mehr. Der viergeschoßige Bau mit verzierten Rundbogenfenstern und typischen Dekorelementen ist heute im Besitz des EurothermenResorts und steht unter Denkmalschutz.

Most, der Häuser baut

Die mächtigsten Bauernhöfe Oberösterreichs stehen in den Mostgegenden. Der Spruch „Diese Häuser hat der Most gebaut!“ zeigt, wie sehr früher die Bauernhöfe in den Vierkanterregionen vom Ertrag der Mostwirtschaft profitiert haben. „A Mosthaus – a guats Haus“, sagte man. Die Gerätschaften und Kapitalien, die für die Mosterzeugung erforderlich waren, waren nicht unbeträchtlich. Manche Bauern sahen ihren ganzen Stolz in ihren Presshäusern und Obstkellern.

Erstes Berghotel Österreichs

Zwischen 1862 und 1864 erbaute Wolfgang Grömmer, damals Gastwirt des Hotels „Weißes Rößl“ in St. Wolfgang, auf dem Gipfel des Schafbergs das Hotel „Schafbergspitze“, das erste Berghotel Österreichs. 1889 wurde der Kaiser Franz Josef Reitweg mit reitgerechten Zementstufen angelegt.

Das erste Fertigteilhaus der Welt

steht in Bad Ischl: Der deutsche Architekt Johannes Lange plante 1890 in Berlin eine Villa aus vorgefertigten Holzteilen, die jederzeit demontiert und woanders aufgestellt werden konnte. Die Bauteile aus kanadischer Pechkiefer sind mit Zapfen verbunden, gemauert sind nur der Kamin und das Fundament. 1893 bestaunten die Villa hunderttausende Gäste der Weltausstellung Chicago World's Fair, darunter der Berliner Schriftsteller Oscar Blumenthal, der fasziniert war und die Villa für 20.000 Dollar kaufte. Sie wurde in Kisten verpackt, von Chicago nach Rotterdam verschifft, per Eisenbahn nach Bad Ischl gebracht und auf Blumenthals Grundstück in der Nähe des Ortsteils Lauffen aufgebaut. In dieser Villa schrieb Blumenthal 1896 zusammen mit Gustav Kadelburg das Singspiel „Im weißen Rößl“, das als Vorlage für die 1930 uraufgeführte und später mehrfach verfilmte Operette diente.

Die ersten Rolltreppen

des Bundeslandes ratterten im Donaukaufhaus in bester Lage auf dem Linzer Hauptplatz 3, das 1959 eröffnet wurde und mit vier Rolltreppen eine Sensation war. Als erstes Großkaufhaus Oberösterreichs mit Parkgarage wurde schließlich 1963 das Passage-Kaufhaus eröffnet: als Sinnbild moderner Kaufhauskultur mit vorerst 8.600 Quadratmetern Verkaufsfläche. Nach mehreren Umbauten ist es heute noch in Betrieb.

Doppelkirche

In der Gemeinde Haigermoos befindet sich die einzige österreichische Doppelkirche. Die Unterkirche wurde direkt in den Hügel hineingebaut und darauf die Oberkirche errichtet. Fertiggestellt wurde die spätgotische Kirche im Jahr 1466. Die Unterkirche hat ein zweischiffiges und die Oberkirche ein einschiffiges Langhaus.

Das Linzer Blau der Tschickbude

Bis 2009 wurden in der Tabakfabrik Linz Zigaretten hergestellt, 2010 kaufte die Stadt das 38.000 Quadratmeter große Areal mit der „Tschickbude", wo seither die Kreativwirtschaft eifrig werkt. Der denkmalgeschützte Gebäudekomplex ist der erste Stahlskelettbau Österreichs im Stil der Neuen Sachlichkeit, gebaut zwischen 1929 und 1935 nach Plänen von Peter Behrens und Alexander Popp. Charakteristisch sind die Handläufe aus der Messinglegierung Tombak sowie der türkise Farbton, der sogar einen Namen hat: Linzer Blau. Nach Umbauten und Erweiterungen soll bis 2025 der Neubau QUADRILL entstehen.

Drei Kanalrohre sind ein Hotel

Wer in Ottensheim drei Kanalrohre aus Beton auf dem Rodlgelände nahe der Donau erblickt, ahnt nicht sofort, dass es sich um ein Hotel handelt. Das 2005 in Linz errichtete und 2006 hierher übersiedelte „Parkhotel" des Künstlers Andi Strauss versteht sich „als Gastfreundschaftsgerät". Die außen schlichten Kanalrohre bieten innen jeweils ein Doppelbett, Licht, Netzstrom, Stauraum, Wolldecken und Hüttenschlafsäcke. Alle hotelspezifischen Einrichtungen wie Toiletten, Dusche und Gastronomie sind auf dem Gelände und in Ottensheim selbst zu finden. Bezahlt wird, was die Gäste wollen.

Größtes Seebad

Das Gmundner Strandbad wurde 1927 nach einem Entwurf des Architekten Franz Geßner in einer Rekordzeit von nur drei Monaten erbaut und galt als größtes Seebad nördlich der Alpen. Die Architektur des denkmalgeschützten Gebäudes spiegelt die Epoche des Jugendstils wider und zählt bis heute zu den bedeutendsten historischen Bäderbauten Österreichs.

Wasserschloss

Natürlich ist es rein subjektiv, aber Schloss Aistersheim, ein mächtiger, adeliger Vierkanter mit vier Rundtürmen an den Ecken, einem Wassergraben und zwei Brücken bei Ein- und Ausgang, gilt als schönstes Wasserschloss Österreichs. Ist es sicher auch.

Bunte Zeile

Die barocke Silberzeile in Schärding ist das Prunkstück der Barockstadt – und sie ist bunt. Der Inn galt als bedeutende Handelsstraße, viele reiche Kaufleute „mit Taschen voller Silberlinge" wohnten in Schärding, daher vermutlich der Name. Die bunten Fassaden am Oberen Stadtplatz gehen auf die mittelalterlichen Zunftfarben zurück. Damals stand die Farbe Blau für einen Bäckereibetrieb, Rot ließ auf den Metzger schließen, die Brauereien waren gelb und die Weinhäuser grün.

Bloße Steine

Die typischen Steinbloßfassaden der Vierkanter im Mühlviertel prägen das Granithochland. Die Bauweise entstand allerdings aus der Not heraus: Kalk war rar und teuer, daher nutzten die ersten Siedler im Mühlviertel das, was die Felder hergaben, und das waren vor allem Granitfindlinge, die beim Pflügen zum Vorschein kamen. Stein für Stein wurden sie mit der flachen Seite nach außen zu doppelwandigen Mauern aufgebaut und mit Sand und Erde gefüllt. Um Wind und Wetter standzuhalten, verfugten die Bauern die einfache Steinkonstruktion mit Lehm und Kalk. Durch Jahre der Verwitterung wurde die Farbe an vielen Stellen abgewaschen, die grauen Granitfeldsteine kamen zwischen den weißen Putzflächen zum Vorschein: „Da Stoa is' bloß!"

Donaupanorama durch 130 Meter Glas

Bei seiner Eröffnung durch Herbert von Karajan 1974 war das Brucknerhaus das erste Gebäude, mit dem Linz nach dem Zweiten Weltkrieg Anschluss ans internationale Architekturgeschehen fand. Kaija und Heikki Sirén aus Helsinki lieferten die Pläne für den durchdachten Konzertbau mit seiner 130 Meter langen und 1.120 Quadratmeter großen Glasfront zur Donau hin. Seine Grundform des Kreissegments trug dem Brucknerhaus bei seiner Eröffnung die Bezeichnung „Linzer Torte aus Stahl und Glas" ein. Heute ist es zum weltweit renommierten Konzerthaus geworden. Bernstein, Böhm, Maazel, Abbado, Davies, Harding, Alsop und viele andere Größen dirigierten und dirigieren hier die bedeutendsten Orchester der Welt.

Ring statt Theater

Nach etwa 40 Jahren der Debatten wurde 2013 das Musiktheater Linz, die neue Spielstätte des Landestheaters, als „modernstes Opernhaus Europas“ am Volksgarten eröffnet. In den 1990er-Jahren war es als „Theater im Berg“ geplant, als Oper auf dem Hang zwischen Linzer Schloss und Donau. Doch das Projekt wurde nach einer Medienkampagne und einer Volksbefragung im November 2000 abgelehnt und anschließend verworfen. Stattdessen wird unter anderem hier die ebenfalls seit Jahrzehnten diskutierte Linzer Autobahn, auch Westring, mit einer vierten Donaubrücke gebaut. Aber das ist eine andere, sehr eigene Geschichte.

Kohlebrecher als Bühne

1922/23 erbaut, war der in Stahlbeton errichtete und mit Holz verkleidete Industriebau in Kohlgrube, Wolfsegg, lange Zeit stolzes Zeichen des Hausrucker Kohlereviers. Schon 1785 wurde hier Braunkohle abgebaut. Das heutige Bauwerk mitten im Grünen ist das Ergebnis mehrerer Brände Ende der 1960er-Jahre, verbunden mit dem Verfall der Bausubstanz seit der Stilllegung des Bergbaus 1966. Heute gilt das Industriedenkmal als monumentalstes montangeschichtliches Zeugnis des Ostreviers. Seit 2000 in Privatbesitz, wurde es denkmalgerecht gesichert und mit zeitgenössischer Architektur ergänzt. Ab 2003 war der Kohlebrecher Schauplatz von Festivals, Konzerten sowie Theaterkulisse für Stücke des aus Vöcklabruck stammenden Autors Franzobel. Seither wird das Areal als privat geführter Kunstraum Kohlgrube genützt.

Promi-See

Der bereits um 1900 als Treff betuchter Gesellschaften beliebte Attersee zählt auch heute zu den exklusivsten Wohngegenden Österreichs. An der Südseite residieren die Ferrero-Rocher-Erben, die italienische Milliardärsfamilie Perfetti und der ehemalige Skistar Hermann Maier. Besitzerin des Berghofs in Unterach, wo schon Meisterdirigent Herbert von Karajan residiert hat, ist seit der Jahrtausendwende Elisabeth Auersperg-Breunner, Tochter des verstorbenen Milliardärs Friedrich Karl Flick. Alteingesessen ist die Unternehmerfamilie Leitl, seit 1974 Inhaberin des Schlosses Litzlberg auf der 6.000 Quadratmeter großen „Leitl-Insel" vor Seewalchen. Weiteres Name-Dropping der hier oft und gerne Weilenden: Olympia-Gold-Dressurreiterin Sissy Max-Theurer (aus der Familie Theurer, Plasser & Theurer), Familie Turnauer (Constantia), Dirigent Franz Welser-Möst, Karikaturist Gerhard Haderer und Maler Christian Ludwig Attersee, der den See gleich als Künstlername wählte.

Fauna und Flora

Haus, Kind, Obstbaum

Kaiser Joseph II., der sich um alles kümmerte, was er für seine Untertanen für nützlich hielt, erließ am 7. März 1789 ein Dekret, das allen heiratenden Bauersleuten die Verpflichtung zur Anpflanzung von Obstbäumen auferlegte. Das Idealbild des erfüllten Lebens, nicht nur ein Haus zu bauen und einen Sohn zu zeugen, sondern auch einen Baum zu pflanzen, ist bis heute im Bewusstsein geblieben. Seither entstanden die Streuobstwiesen und charakteristischen Baumzeilen entlang der Wege und Straßen.

Baum mitten in der Welt

488 Meter über dem Meeresspiegel liegt der Gustermairberg in Kremsmünster. Er heißt „Baum mitten in der Welt“, weil sein Standort 1817 zu einem Koordinatenursprung der österreichischen Katastervermessung wurde. Bis zu einem Blitzschlag 1929 stand hier tatsächlich eine alte, mächtige Linde, die in Adalbert Stifters „Nachsommer“ als Vorlage für den Kirschbaum diente, von dem aus die Bewohner des Rosenhauses ihre Besitzungen betrachteten. Zum Glück wurde 1916 vorsorglich eine neue Linde daneben gepflanzt. Und auf dem Fundamentalpunkt selbst steht nun eine Aussichtswarte.

Stachelige Sammlung

Im Botanischen Garten in Linz befindet sich mit mehr als 1.000 Exemplaren eine der größten Kakteensammlungen Europas. 1963 erklärte die Internationale Organisation für Sukkulentenforschung IOS den Botanischen Garten der Stadt Linz zum Träger einer Schutz- und Typpflanzen-Sammlung für Kakteen, der vierten dieser Art in Europa. Einzigartig ist auch das Arboretum, das größte Österreichs: eine Sammlung von Gehölzen aus aller Welt, die ausgepflanzt werden, um Erkenntnisse bezüglich ihrer Verwendungsmöglichkeiten zu erlangen.

Älteste Buche Kontinentaleuropas

Der Nationalpark Kalkalpen ist mit 5.250 Hektar das größte Buchenwald-Schutzgebiet der Alpen und seit 2017 als erstes UNESCO-Weltnaturerbe Österreichs ausgezeichnet. Schon bisher stand hier die älteste Buche der Alpen. 2019 wurde in einem Urwaldrestbestand ein noch älteres Exemplar gefunden: Ihre ersten Altersringe lassen sich auf das Jahr 1474 zurückdatieren. Mit nun stolzen 547 Jahren ist sie die älteste datierte Buche in Kontinentaleuropa.

Noch ältere Linde

Auf dem Hohen Daxeck bei St. Johann am Walde steht eine tausendjährige Linde, auch Saiga-Hans-Linde genannt. Der Baumgreis beeindruckt heute noch mit seinem Stammumfang von mehr als sieben Metern, während die ursprünglichen 20 Meter Höhe und der gewaltige Kronendurchmesser dem hohen Alter Tribut zollen mussten.

20 Granitblöcke ergeben ein Denkmal

Das Leopold-von-Buch-Denkmal bei Großraming ist eines der bedeutendsten geologischen Naturdenkmäler Österreichs. Inmitten von Kalk- und Sandsteinformationen liegen etwa 20 verschieden große Granitblöcke, die 360 Millionen Jahre alt sein sollen, mit mehr als 100 Moosarten, von denen viele gefährdet sind. Der größte Granitstein trägt eine Inschrift zu Ehren des deutschen Geologen Leopold von Buch (1774–1853).

Groß-Moor

Das Ibmer Moor ist österreichisches Naturschutzgebiet, europäisches Vogelschutzgebiet und mit einer Fläche von 2.000 Hektar das größte zusammenhängende Moor Österreichs.

Längste Obstbaumallee

Vor rund 100 Jahren pflanzte ein Pfarrer aus Grieskirchen 450 Obstbäume im Spalier – heute die mit drei Kilometern längste Obstbaumallee Österreichs. Ursprünglich bestand die Allee, die sich von Gallspach bis nach St. Georgen bei Grieskirchen zieht, ausschließlich aus Birnbäumen, anscheinend das Lieblingsobst des Urhebers. Wenn ein Obstbaum gestorben ist, wird er gewissenhaft von der Gemeinde ersetzt, heute meist durch Apfelbäume.

Der letzte Donaufischer

Franz Wiesmayr ist Österreichs letzter gewerblicher Donaufischer. Der 35-Jährige fischt Rotaugen, Reinanken und Flusskrebse aus der Donau, wie schon sein Vater und sein Großvater es taten. Der seit 1458 bestehende Hollaberer-Hof, auf dem Wiesmayr lebt, liegt längst nicht mehr in den Donauauen, sondern mitten im Industriegebiet von Linz, wo sich eine Firma an die nächste reiht. Nur das alte Bauernhaus mit seinen Apfel-, Birnen- und Zwetschkenbäumen, dem Holunderstrauch und dem Gemüsegarten ist erhalten.

Grüne Stadt

Die als Industriestadt bekannte Landeshauptstadt besteht zu 53 Prozent aus Grünland. Linz gehört damit zu den grünsten Städten in Österreich und erhielt 2006 die Auszeichnung als „Naturfreundlichste Gemeinde Österreichs".

Linzer Dschungel

Die Traun-Donau-Auen sind der Linzer Dschungel mit den größten zusammenhängenden Auwäldern Oberösterreichs. Unweit der Industriegebiete gedeihen am Südrand der Stadt auf 664 Hektar Flora und Fauna in unerwartetem Artenreichtum mit 675 Pflanzenarten. Dichte Auwälder, Seen, Bäche, Feucht- und Magerwiesen bilden den Lebensraum für Fische, Vögel, Insekten und Amphibien.

Central Park von Linz

wird er gerne genannt: Der 1,5 Quadratkilometer große Wasserwald liegt mitten im Linzer Stadtgebiet. Früher war das Areal im Süden von Linz größtenteils Bauernland. Nach dem Zweiten Weltkrieg wurde es als Wasserschutzgebiet und Grünland gewidmet. Im Winter werden sogar Langlaufloipen gespurt.

Maroni am See

Die angestammte Heimat der Edelkastanien ist der Mittelmeerraum, aus dem Süden tasten sie sich vereinzelt bis zum Alpensüd- und -ostrand vor. Dort ist Schluss – zu kalt. Nur Unterach am Attersee tanzt aus der Reihe: Auf den Sonnenhängen oberhalb des Sees ist das Kleinklima dermaßen günstig, dass die Esskastanien ihre volle Reife erlangen. Sogar Wein gedeiht dort. Unterachs Edelkastanienwald mit stattlichen, mehr als 300 Jahre alten Bäumen, der angeblich auf die Römer zurückgeht, ist somit das einzige größere natürliche Vorkommen nördlich der Alpen. Seit 1989 stehen die 4,8 Hektar unter Naturschutz.

Gämsen für Neuseeland

Der Forscher Ludwig von Höhnel (1857–1942) vereinbarte um 1900 in Neuseeland einen speziellen Deal: seltene neuseeländische Vögel und Reptilien für den Tiergarten Schönbrunn in Wien, als Gegengabe Gämsen aus Oberösterreich für den Mount Cook, wo Wild fehlte. 1906 wurden im Revier um den Traunstein zwei Böcke und sechs Geißen gefangen, die 1907 nach 49-tägiger Weltreise ihr Ziel erreichten. Allerdings hatten die Gämsen in der neuen Heimat keine Gegner, vermehrten sich rapide und zerstörten die Gebirgsflora so stark, dass sie bald zum lizenzfreien Abschuss freigegeben und sogar vom Hubschrauber aus erlegt wurden.

Seltene Fische

Die Seelaube (Mairenke) kommt nur in wenigen Seen Bayerns, Kärntens und des Salzkammerguts vor, insbesondere im Attersee und im Mondsee. Diese beiden Seen sowie der Wolfgangsee beherbergen auch die bedeutendsten Bestände des Perlfischs in Europa. Um diese seltenen Fischarten und zwei spezielle Wasserlebensräume zu erhalten, wurde der Attersee samt Mondsee und einigen Zuflüssen zum Europaschutzgebiet erklärt.

Den gibt's nur hier

Der Süßwasserfisch Riedling, eine Zwergform der bekannteren Reinanke, kommt nur im Traunsee vor. Angeblich, so wird zumindest in Gmunden berichtet, hat er einen Bruder im sibirischen Baikalsee. Dort soll es einen Fisch geben, der dem Riedling sehr ähnlich ist, vielleicht weil der Lebensraum im Baikalsee dem im Traunsee ähnelt, der mit 191 Metern tiefste österreichische See.

Ötzi-Schuhe aus Raschgras

Vergleichbare Schuhe, wie sie vor 5.000 Jahren auch Eismann Ötzi trug, werden in St. Georgen im Attergau noch heute hergestellt. Zehn Frauen, die sogar Raschschuhfrauen genannt werden, flechten sie seit mehr als 35 Jahren aus etwa acht Meter hohem Raschgras (offizieller Name: Seegras-Segge), das auf dem Buchberg am Attersee wächst.

Traunsee-Schwäne

Erzherzogin Elisabeth Marie ließ im Jahre 1875 zwei Schwanenpaare nach Gmunden bringen. Gehalten wurden sie in einem Zwinger im „Bäckerwinkel" bei der Villa Toscana. Sie vermehrten sich aber schnell, 1878 waren es schon acht entkommene Tiere. 1880 schenkte man den Schwänen vom Zwinger die Freiheit. Im Oktober 1895 kamen die Schwäne in den Besitz der „Curcomission Gmunden", die auch für die Fütterung im Winter zuständig war.

Paradiesisch

Im bayerisch-oberösterreichischen Europareservat Unterer Inn fühlen sich mehr als 300 Vogelarten heimisch. Es erstreckt sich grenzüberschreitend 55 Flusskilometer von der Salzachmündung bis zur Mündung der Rott bei Neuhaus am Inn und besteht aus Wasserflächen, Schlickbänken, Auwäldern und Inseln in einer Größe von 55.000 Hektar.

Ältestes Gewächshaus

In den Gärten von Kremsmünster steht mit dem 1640 gebauten Feigenhaus das älteste Gewächshaus Österreichs.

Das Kraut ist nur hier gewachsen

Das Heide-Johanniskraut kommt österreichweit nur im westlichen Kobernaußerwald vor. Die grüne Lunge des Innviertels ist eines der größten Waldgebiete Europas und größter Trinkwasserspeicher der Region.

Ältester Zoo

Der 28.000 Quadratmeter große Tiergarten Wels, 1930 eröffnet, ist der älteste Zoo Oberösterreichs.

Edelkrebs im Warmen

Der unter Naturschutz stehende Gleinkersee, ein Gebirgssee im Norden von Spital am Pyhrn, hat sich in einer von einem Eiszeitgletscher geschürften Mulde gebildet. Weil er kaum Zu- und Abflüsse hat, ist er im Sommer einer der wärmsten Bergseen Österreichs und damit zugleich eines der letzten Rückzugsgebiete mit perfekten Lebensbedingungen für den streng geschützten Edelkrebs.

Der gemeine Stör

Gastwirt Gottfried Hader in Waldhausen bemüht sich seit mehr als 30 Jahren in seiner privaten Aufzucht um den gemeinen Stör (Hausen), der mit einer Länge von bis zu sechs Metern bis zu einer Tonne schwer und bis zu 100 Jahre alt werden kann. Der Stör als größter Süßwasserfisch der Erde gilt als Fisch aus der Urzeit. Der einst einheimische „Riesenfisch“ war wegen des begehrten Beluga-Kaviars lange Zeit vom Aussterben bedroht und steht unter strengem Naturschutz.

Geografisches

Größter See

Der Attersee ist der größte See Österreichs. Neusiedler See und Bodensee sind natürlich größer. Aber die liegen ja zum Teil auf jeweils nachbarschaftlichem Staatsgebiet. Darum darf der Superlativ für den Attersee bleiben, weil er zur Gänze im Land liegt.

Alle sind hier

Im Übrigen liegen sämtliche großen Seen Oberösterreichs im Salzkammergut.

Übers Wasser gefahren

Aufzeichnungen zufolge war der Attersee zwischen 1876 und 1963 sieben Mal zur Gänze zugefroren, was aufgrund seiner Größe außergewöhnlich ist. So konnte man vom Ort Attersee bis nach Weyregg zu Fuß über den See gehen, sogar mit dem Auto wurde der See befahren. Zuletzt 1963 organisierten junge Nußdorfer vor der Schiffsanlegestelle Nußdorf binnen weniger Tage ein Eisrennen für Motorräder.

Der Berg im See

Der Attersee verdankt sein Bestehen der letzten Eiszeit. Damals schürfte der Traungletscher die Seewanne aus. Und die ließ sich anschließend so richtig volllaufen – bis zu 169 Meter tief. In der Nähe der Ortschaft Nußdorf ist der See immerhin 120 Meter tief. Genau dort ragt ein Unterseeberg 70 Meter in die Höhe: der Laichberg. Noch 50 Meter mehr, und es hätte zur Insel gereicht. So aber bleibt der Laichberg unter dem Wasserspiegel – und für die meisten unsichtbar.

Erdstall unterm feuchten Eck

Als Erdstall wird im nordöstlichen Alpenvorland ein unterirdisches, nicht ausgebautes Gangsystem aus dem Mittelalter bezeichnet. Der Begriff Erdstall bedeutet „Stätte unter der Erde“ oder „Erdstollen“ und hat nichts mit einem Viehstall zu tun. Vielmehr waren es Geheimgänge als Versteck bei Angriffen. Ein besonders gut erhaltener Erdstall liegt direkt unter dem „Gasthaus Populorum zum feuchten Eck“ in Bad Zell.

Kellergröppe

Am Ortsrand von Raab im Innviertel gibt es solche Erdställe sogar als Gasse mit 26 Kellern: Das Kellergröppe Raab ist einmalig in Oberösterreich und steht unter Denkmalschutz. Die Geschichte dieser Braukeller zur Lagerung des Biers geht bis 1620 zurück.

Bucklwehluck'n

Die Bucklwehluck'n, auch Bucklwehstoa oder Blasenstein genannt, liegt mitten im Ort St. Thomas am Blasenstein. Ein fünf Meter hoher Granitblock zeigt eine Spaltung, als wären zwei Felsblöcke aneinander gelehnt. Nach altem Glauben hilft ein Durchschlüpfen durch den Spalt von Ost nach West gegen Rückenschmerzen – also Bucklweh – und rheumatische Beschwerden. Außerdem soll man dabei seine Sünden abstreifen.

Schwammerling

Weil er wie ein überdimensionaler Pilz aussieht, wird das Naturdenkmal in Rechberg im Naturpark Mühlviertel Schwammerling genannt. Der Wackelstein aus Weinsberger Granit ist ein zwei Meter hoher und fünf Meter langer, ovaler Block, der auf einem riesigen zweiten Granitblock liegt. Der Legende nach verschoben die französischen Truppen unter Napoleon, als sie versuchten, den Koloss mit Seilen und Pferden herabzustürzen, den Stein so, dass dieser seitdem nicht mehr zum Wackeln gebracht werden kann.

Das Himmelreich

liegt hier auf mehreren schönen Flecken Erde. Zwischen Hochscharten und Axberg etwa. Auch in Ansfelden, wo es sogar eine Himmelreichstraße gibt. In Wilhering taucht ebenfalls eins auf. Eines der angeblich schönsten liegt in Micheldorf im Kremstal, wo sogar ein Himmelreich-Biotop zu bestaunen ist. Weniger himmlisch erwischt hat es einen Ortsteil in Buchkirchen, Wels-Land: Er heißt Elend.

Von Allerheiligen bis Vierzehn

Nicht alle Orte werden international so bekannt wie Fucking, das seit 2020 Fugging heißt und wo alle acht Ortstafeln an den vier Ortseinfahrten durch Einbetonieren und Vernieten gegen Diebstahl gesichert werden mussten. Auch andere klingende Namen rufen bei Gästen Entzücken hervor: die Mühlviertler Ortschaften Allerheiligen, Hühnergeschrei, Poppen, Sexling und Vierzehn etwa. Die Gemeinde Pupping im Hausruck umfasst neben Oberschaden und Unterschaden unter anderem den Ortsteil Waschpoint. Im Innviertler St. Martin lässt es sich flugs vom Diesseits über den Fluss Antiesen ins Jenseits wechseln. Und das Christkindl hat sogar einen gleichnamigen Ort in Steyr.

Schwarzindien am Mondsee

Der Ortsteil von St. Lorenzen am Mondsee kam spät zu seinem Namen Schwarzindien. Während sich Gäste von weit her im „Doktor-Bad" bei den damals revolutionären Sonnenbäder-Kuren erholen sollten, musste die Jugend vom Bad ferngehalten werden, um die Ruhe nicht zu stören. Die Jugendlichen wanderten auf die andere Seeseite aus, wo sie viel Zeit in den Auwäldern verbrachten. Als sie wettergebräunt wieder zu den Sommergästen kamen, scherzten diese: „Ihr eingeborenen Schwarzindianer!" 1879 weihten die „Schwarzindianer" ihren Landstrich mit Besitzergreifungsurkunde und feierlicher Fahnenweihe.

Das „weiße Gold“

Seit mehr als 7.000 Jahren wird in Hallstatt im Salzkammergut Salz gewonnen – bis heute. Damit ist das Salzkammergut weltweit die älteste Region, in der das „weiße Gold“ durchgängig bis in die Gegenwart produziert wird, und zwar 1,2 Millionen Tonnen pro Jahr in Hallstatt, Bad Ischl und Altaussee.

Letzter Ritter als Erster oben

Die erste dokumentierte Besteigung des Traunsteins gelang Kaiser Maximilian I., der am 14. November 1506 gemeinsam mit Jägern und Adeligen auf dem Gipfel stand. Maximilian I. von Habsburg, genannt der letzte Ritter – er war ab 1508 Kaiser des Heiligen Römischen Reichs und verstarb 1519 in Wels – war häufig zur Jagd auf dem Traunstein. Die Gämsen wurden eingekreist und mit bis zu sieben Meter langen Spießen aus der Wand gestochen.

Abwasser durch Trinkwasser leiten

Die Abwässer von Traunkirchen und Altmünster werden über eine gemeinsame Seedruckleitung im Traunsee zur Kläranlage nach Gmunden geleitet. Damit der Traunsee einer der saubersten Seen Österreichs bleibt, wurde eine sehr widerstandsfähige Abwasserleitung eingebaut, die bis zu hundert Jahre halten soll.

Hallstatt in China

Zwei Autostunden nördlich von Hongkong liegt die symmetrisch gespiegelte Kopie zu ihrem 8.881 Kilometer entfernten Original. Der Kern der südchinesischen Wohnsiedlung wird offiziell als „Hallstatt See-Huizhou" geführt und ist dem Ortskern von Hallstatt im Salzkammergut detailgetreu nachmodelliert.

Gipfel dreier Länder

Das ist der Gipfel dreier Länder: Der Plöckenstein liegt etwa 1,3 Kilometer östlich des Dreiländerecks Deutschland-Österreich-Tschechien. Dort haben die Grenze zwischen Deutschland und Tschechien, die Grenze zwischen Deutschland und Österreich und die Grenze zwischen Österreich und Tschechien einen gemeinsamen Punkt. Außerdem liegt knapp westlich des Plöckensteins der nördlichste Punkt Oberösterreichs.

Chinas Kartograf

Die detaillierten Reiseberichte des Linzer Jesuitenpaters Johann Grueber (1623–1680), der als Hofastronom in Peking wirkte, fanden Eingang in die „China illustrata“ (1667), die berühmte Enzyklopädie des römischen Universalgelehrten Athanasius Kircher. Grueber gelangte als erster Europäer überhaupt in die tibetische Hauptstadt Lhasa und zum Hof des Dalai Lama.

Weniger bekannt, dafür nachhaltiger war das Werk des Jesuiten Xaver Ernbert Fridelli, 1673 in Linz geboren und 1743 in Peking gestorben. Als Kartograf am Hof des Kaisers Kangxi schuf er die erste auf exakten Messungen basierende Landkarte von China, die Hälfte der 18 Provinzen hatte er sogar selbst bereist. 1717 war der chinesische Reichsatlas auf 28 Blättern fertiggestellt, von dem bis 1931 14 Auflagen erschienen.

Der Landespatron

Der Heilige Florian, erst seit 2004 Landespatron, wird ebenso in Bayern, Bologna und Polen verehrt. Er ist nicht nur Patron der Feuerwehren, sondern auch der Töpfer, Schmiede, Kaminfeger, Seifensieder und Bierbrauer. Zur Christenverfolgung unter Diokletian wurden in Lauriacum (Lorch bei Enns) 40 Christen gefoltert und eingesperrt. Florian, pensionierter Leiter der Statthalterkanzlei, wollte sie befreien, wurde aber auch verhaftet, weil er dem Christentum ebenfalls nicht abschwor. Nach Folter wurde er im Jahr 304 zum Tod verurteilt und mit einem Stein um den Hals von einer Brücke in die Enns gestürzt. Im 8. Jahrhundert bauten die Passauer Bischöfe über dem Grab eine Kirche und ein Chorherrenstift, die berühmte Abtei St. Florian bei Linz. Die Gebeine des Heiligen wurden im 13. Jahrhundert gefunden, die der 40 Märtyrer allerdings erst bei Grabungen vor und nach dem Zweiten Weltkrieg.

Wien oder Enns

Fast hätte Wien neuesten Forschungen zufolge der Stadt Enns den Rang als älteste Stadt Österreichs abgelaufen. Enns ist Nachfolgestadt von Lauriacum, das 212 zur Stadt erhoben wurde. Die exakt 1.000 Jahre später ausgestellte und zeitlich gesicherte Stadtrechtsurkunde aus dem Jahr 1212 von Herzog Leopold VI. ist auf jeden Fall älter als jene Wiens. Denn der Babenberger hat Wien erst neun Jahre nach Enns urkundlich zur Stadt erklärt. Absolut gesichert jedenfalls ist: Enns war 2007 die erste Cittàslow Österreichs.

Das erste Mal

1490 wurde Linz zum ersten Mal als Hauptstadt bezeichnet, auch wenn Oberösterreich weiterhin Teil des Erzherzogtums Österreich war. Linz ist die einzige Stadt Österreichs, deren Zentrum beidseitig des größten Stromes Europas, der Donau, liegt. Die Stadt blieb sehr lange Zeit relativ klein. Das änderte sich erst mit der Industrialisierung gegen Ende des 19. Jahrhunderts. Ab dann wurden erstmals Nachbarorte nach Linz eingemeindet. Unterschätzt wird sie – zwischen Wien und Salzburg an der Weststrecke liegend – immer noch, aber genau das macht sie so lebens- und liebenswert.

Lentos, Lentia, Linz

Der Name der Stadt leitet sich vom römischen Lentia ab, das wiederum auf dem keltischen Lentos beruht, was so viel wie gekrümmt heißt und sich auf die Biegung der Donau beim heutigen Winterhafen bezieht. Fast 400 Jahre war es römisches Kastell, da sich hier wichtige Fernverbindungen in Ost-West- und Nord-Süd-Richtung kreuzten. Während der Völkerwanderung zogen Langobarden, Awaren und Slawen durchs Linzer Becken, bis sich Bajuwaren hier häuslich einrichteten und die Ära der mittelalterlichen Stadt einläuteten: mit der ersten urkundlichen Erwähnung von „Linze“ in der Zeit Karls des Großen im Jahr 799. Lentos ist heute der Name des Kunstmuseums an der Donau. Und das Lentia ist ein Einkaufszentrum und Wohnhaus im Stadtteil Urfahr.

Die royale Linzer Hochzeit

Die am 26. Mai 1521 geschlossene Ehe zwischen Ferdinand Erzherzog von Österreich, später Kaiser Ferdinand I. (1503–1564), und Anna von Böhmen und Ungarn (1503–1547) sollte sich für habsburgische Verhältnisse als äußerst glücklich erweisen. Das kaiserlich-königliche Paar bekam nicht nur 15 Kinder, von denen nur zwei die Kindheit nicht überlebten, es kümmerte sich um diese Schar auch selbst, was sowohl für die Zeit wie für den Stand höchst ungewöhnlich war. Ferdinand nahm die hochgebildete, mehrsprachige Anna bei vielen seiner Reisen als Beraterin mit und setzte sie sogar als Co-Vorsitzende seines Hofrates ein – wenn da nicht jemand seiner Zeit weit voraus war.

Warum ausgerechnet Linz Schauplatz dieser Märchenhochzeit wurde, hat vermutlich rein praktische Gründe. Linz lag im Herrschaftsbereich von Ferdinand, jüngerer Bruder des zu dieser Zeit regierenden Kaisers Karl V. (1500–1558), war verkehrsmäßig gut von Westen, Norden und Osten zu erreichen und lag vor allem außer Reichweite möglicher Unruhestifter wie den Osmanen. Anna war als Tochter des Königs Vladislav II. von Böhmen und Ungarn Erbin dieser Länder. Daher wurde Ferdinand König beider Länder. Das legte den Grundstein für die Habsburger Donaumonarchie, die bekanntlich bis 1918 andauern sollte.

Entscheidendes Turnier

Ferdinand Erzherzog von Österreich war in Spanien geboren und erzogen worden und beherrschte als 18-Jähriger bei seiner Linzer Hochzeit noch kein Deutsch. Dementsprechend befanden sich viele spanische Adelige in seinem Gefolge. Einer davon wollte den heimischen Rittern zeigen, wo der Hammer hängt, und forderte sie anlässlich des Hochzeitsturniers zum Kampf auf Leben und Tod. Ritter Sebastian von Losenstein nahm die Herausforderung an. Das Turnier war ein hochspannendes David-gegen-Goliath-Duell, in dem der körperlich unterlegene Ritter aus dem Steyr-Tal dem Spanier mit List, Tücke und einem Bihänder, der heute im Linzer Schlossmuseum zu besichtigen ist, die Arroganz gründlich ausprügelte. Wäre Ferdinand nicht im entscheidenden Moment dazwischengegangen, hätte Sebastian den Spanier tatsächlich final erledigt. Dass er daraufhin als legendärer Held des Losensteiner Turniers berühmt wurde, versteht sich von selbst.

Geldscheine in Stücken

Im Dezember 1848 war die Geldnot so groß, dass fast alles Silber verschwunden war und es nur noch Banknoten gab. Um sich Scheidemünzen zu verschaffen, wurden daher in Kaufsgewölben und Wirtshäusern in Steyr die Banknoten auf zwei oder vier Teile kurzerhand zerrissen. War jemand 15 Kronen schuldig und bezahlte mit einer Gulden-Banknote, so riss der Kaufmann nur ein Stück ab.

Kleine Schwester des Stephansdoms

Der gotische Bau der Stadtpfarrkirche in Steyr wurde 1443 vom Dombaumeister des Wiener Stephansdoms Hans Puxbaum begonnen. Mit ihrem Verhältnis von 1:3 zum Wiener Wahrzeichen wird sie liebevoll als kleine Schwester des Stephansdoms bezeichnet.

Pummerin aus St. Florian

Die größte Glocke Österreichs, die Pummerin, die 1711 aus nach der zweiten Türkenbelagerung zurückgebliebenen Kanonenkugeln gegossen worden war, wurde 1945 beim Brand im Stephansdom in Wien zerstört. 1951 wurde in St. Florian die neue Pummerin aus den Trümmern der alten Glocke gegossen. Vor ihrer Reise war sie blumengeschmückt vor dem Linzer Landhaus zu bewundern – ein Glockenring zeugt noch davon. Ein jubelnder Festzug begleitete die neue Pummerin 1952 unbehelligt durch die Besatzungszonen bis nach Wien – als Zeichen für die wiedergewonnene Einheit, Freiheit und den Wiederaufbau Österreichs.

Zwetschkenrummel und Erdäpfelkrieg

So kurios die Titel klingen, so bitter waren die Ereignisse: Joseph II. wollte sich 1778 Bayern einverleiben und geriet dadurch in Konflikt mit Friedrich II. von Preußen. Bayern sollte gegen die Österreichischen Niederlande getauscht werden. Daraufhin besetzten hiesige Truppen Teile Bayerns. Friedrich II. erklärte Joseph den Krieg und marschierte in Böhmen ein. Es kam jedoch zu keinen Schlachten, „nur" zu einem Defensivkrieg. Nachschubprobleme, Geldmangel und Seuchen wie die Ruhr machten den Bayerischen Erbfolgekrieg zu einem Kampf um Lebensmittel: Die Österreicher nannten den Krieg deshalb Zwetschkenrummel oder Erdäpfelkrieg, die Preußen Kartoffelkrieg – außerdem dauerte dieser Herbstkrieg nicht länger als die paar Wochen der Kartoffelernte.

Ein neues und ein neu benanntes Viertel

Im Mai 1779 schloss Maria Theresia hinterrücks Frieden mit Preußen: Ohne Josephs Wissen verzichtete sie auf das bayerische Erbe und bekam dafür als bescheidenen Gewinn das Innviertel. Da nun die paradoxe Situation eingetreten war, dass das Land ob der Enns fünf Viertel – Hausruckviertel (zuvor Haussviertel), Traunviertel, Mühlviertel, Marchlandviertel (auch Schwartzviertel) und eben das neu hinzugekommene Innviertel – umfasste, legte man Marchland- und Mühlviertel kurzerhand zum Mühlviertel zusammen.

Meisterstück am Attersee

Der k.u.k. Hoftischlermeister Friedrich Paulick behübschte den Salon seiner nach ihm benannten historischen Sommervilla in Seewalchen am Attersee auf besondere Weise: Er ließ sein Meisterstück, eine mit reichhaltigen Ornamenten verzierte Kassettendecke des Kaiser-Pavillons der Wiener Weltausstellung von 1873, einbauen, die er hergestellt hatte.

Paulicks Tochter Therese übrigens heiratete Hermann Flöge, den Schwager von Ernst Klimt. Dessen Bruder Gustav Klimt war oft auf Besuch in der Villa. Mit der ebenfalls häufig anwesenden Emilie Flöge verband ihn eine besondere Beziehung, die Anlass für viele Spekulationen gab.

Die verpfändete Tochter

Marie Louise, älteste Tochter von Kaiser Franz I., musste 1810 aus Staatsräson Napoleon heiraten und wurde so Kaiserin von Frankreich. Napoleon fand es jedoch nicht einmal der Mühe wert, bei der Brautübergabe in St. Peter am Hart im Bereich der heutigen Ortschaft Luisenhöhe persönlich anwesend zu sein – und ließ sich vertreten.

Exil für das Königshaus von Hannover

Im Konflikt zwischen Österreich und Preußen 1866 stellte sich Hannover auf die Seite Österreichs. Georg V. von Hannover war zum länderlosen Flüchtling geworden, ging vorerst nach Wien zu seinem Kriegsverbündeten Kaiser Franz Joseph I. und 1868 mit seiner Familie – Königin Marie mit den Kindern Kronprinz Ernst August, Prinzessin Friederike und Prinzessin Mary – und dem Hofstab nach Gmunden in die Villa Thun.

Nach dem Tod des Königs von Hannover 1878 in Paris wohnte seine Witwe Marie bis zu ihrem Tod 1907 in der Gmundener Villa, die seither Königinvilla genannt wird und bis heute dem Welfenhaus gehört. Georgs Sohn Ernst August, Kronprinz von Hannover, ließ in der Nähe das Schloss Cumberland bauen, der größte Schlossbau des Historismus in Oberösterreich. Über Georgs Ururenkel Ernst August Prinz von Hannover hingegen wurde im März 2021 ein Wohnsitzverbot für sein Anwesen in Grünau im Almtal verhängt. Aber das ist wieder ein anderer Konflikt.

Lieber Lipizzaner

„Einen schöneren Blick habe ich wohl in meinem ganzen Weltreich nicht", soll der englische König Edward VII., Gast auf Schloss Traunsee in Altmünster, gesagt haben, als er das Panorama des Traunsees mit dem Traunstein betrachtete. Der Autofanatiker war 1905, 1907 und 1908 zu Gast in Bad Ischl. Bei einem dieser Besuche überredete er Kaiser Franz Joseph zu einer Autofahrt, der angeblich so perplex war, dass er nichts dagegen sagen konnte. Es war die erste Autofahrt des Kaisers und führte ins Weißenbachtal. Beim Aussteigen bemerkte er noch: „Die Autofahrt war ganz angenehm, aber meine Lipizzaner sind mir doch lieber."

Fouchés Wohnhaus wurde erstes Kaufhaus

Das kleine Palais auf dem Linzer Hauptplatz 27 gehörte unter anderem Graf Herberstorff, dem Statthalter Oberösterreichs. Von 1818 bis 1820 diente es als Quartier von Joseph Fouché, dem ehemaligen französischen Polizeiminister Napoleons, der hier im Exil lebte. Seit 1853 wurde das Haus für Wirtschaftsunternehmen genutzt, 1909 entstand an der zentralen Adresse ein Warenhaus unter der Bezeichnung „Vereinigte Firmen Franz Hofmann und Kraus & Schober", die Kundschaft verwendete aber nur die letzten beiden Namen für das erste Linzer Warenhaus. Nach „Arisierung" und Plünderungen konnte das Haus im Herbst 1949 dann als Oberösterreichs größtes Warenhaus Kraus & Schober Ges.m.b.H. wiedereröffnet werden.

WikiLeaks in Linz

Im Kulturhauptstadtjahr 2009 war Julian Assange zu Gast beim Ars Electronica Festival Linz. Beim Prix Ars Electronica, dem weltweit traditionsreichsten Medienkunstwettbewerb, stellte er WikiLeaks vor – und erhielt eine Auszeichnung in der Kategorie „Digital Communities".

Industrielles

Hier entstand Eternit

Ludwig Hatschek (1856–1914) stammte aus einer von Olmütz nach Linz übersiedelten Bierbrauerfamilie und erlernte vorerst natürlich den Beruf eines Bierbrauers. 1892 aber gründete er in Vöcklabruck die Erste österreichisch-ungarische Asbestwarenfabrik, die vorerst Asbestpappe und -gewebe erzeugte. Was ihn beschäftigte: Asbest wegen des geringen Gewichts und der Feuerfestigkeit als Grundmaterial für Dachziegel oder Dachplatten zu verwenden. Nach jahrelangen Versuchen fand er ein geeignetes Rezept durch Beimischung von Portlandzement. 1900 meldete Hatschek ein Patent für das neue Material an, 1903 erhielt es seinen Namen: Eternit.

Größter Stahlkonzern der Welt

Steyr war einst die bedeutendste Eisenhandelsstadt der österreichischen Donauländer. Um Eisenproduktion und -handel in den Ländern zu vereinheitlichen, wurde 1625 die Innerberger Hauptgewerkschaft gegründet, die bis 1881 bestand. Sie war ein Vorgängerunternehmen der Österreichisch-Alpinen Montangesellschaft und damit auch der heutigen voestalpine AG, Österreichs größtem Industriebetrieb. Mit 2.000 bis 3.000 Beschäftigten und einer Jahresproduktion von rund 5.000 Tonnen Eisen war die Innerberger Hauptgewerkschaft im 17. Jahrhundert das größte Eisen produzierende Unternehmen der Welt.

Industrieller Grundstein

Die „Reichswerke Aktiengesellschaft für Erzbergbau und Eisenhütten Hermann Göring Linz" wurden bekanntlich von den Nationalsozialisten gegründet. Das Datum der Grundsteinlegung ist weniger bekannt: 13. Mai 1938, nur zwei Monate nach dem deutschen Einmarsch. Möglich war das, weil sie längst geplant hatten, zwischen steirischem Erzberg und den schlesischen Kohlebergwerken an verkehrsgünstiger Stelle ein Eisen- und Stahlwerk zu errichten. Die Planungsphase wurde aber extrem abgekürzt, indem kurzerhand das Reichswerke-Schwesterunternehmen in Salzgitter im heutigen Niedersachsen als Blaupause hergenommen wurde. Dreieinhalb Jahre nach dem Spatenstich, am 15. Oktober 1941, wurde der erste Hochofen angeblasen – der erste von sechs, die bis 1945 errichtet wurden.

LD-Verfahren

Das in den 1940er-Jahren in Linz entwickelte LD- oder Sauerstoff-Blasstahl-Verfahren ist die bedeutendste Erfindung, die im 20. Jahrhundert von Österreich ihren Ausgang genommen hat. Das Verfahren hat mehrere Väter, aber die technische Durchführbarkeit gelang erstmals am 25. Juni 1949 Ingenieuren der VÖEST, der Vereinigten Österreichischen Eisen- und Stahlwerke, heute die voestalpine AG. 1952 ging in Linz das erste kommerziell arbeitende LD-Stahlwerk der Welt in Betrieb. Warum LD? Benannt ist es nach den Stahlwerken in Linz und in Donawitz, Steiermark. Dem Siegeszug des LD-Verfahrens, das heute mehr als 70 Prozent der Weltstahlerzeugung dominiert, und anderer Innovationen ist der hervorragende Ruf der österreichischen Stahlindustrie der Nachkriegszeit zu danken.

Wellenschliff fürs Brotmesser

Im 20. Jahrhundert war Steyr mit den Hack-Werken eines der Zentren der österreichischen Besteckproduktion. 1923 wurde hier das erste rostfreie Besteck Österreichs produziert, 1947 erfand Josef Hack den berühmten Wellenschliff, der speziell bei Brotmessern angewandt wird.

Nachhaltige Fasern

Taucht bei einem Kleidungsstück der Name Lenzing™ auf, führen die Spuren nach Oberösterreich. Hier werden Modal- und Lyocellfasern aus Zellulose hergestellt, die aus erneuerbaren Holzquellen stammt und vollständig biologisch abbaubar ist. Seit 1892 ist der Ort Lenzing wichtiger Standort für die Zellstoff- und Papierproduktion. 2014 entstand hier eine Tencel-Produktionsanlage, die jährlich 67.000 Tonnen Zellulosefasern herstellt. Damit steht in Lenzing das derzeit größte integrierte Zellstoff- und Viskosefaserwerk der Welt.

Älteste Pipeline der Welt

Nikolaus von Röhrenbach ist der erste namentlich bekannte Techniker Oberösterreichs. Als Königin Elisabeth 1311 die neue Technik des Soleverfahrens von Hall in Tirol nach Hallstatt in Oberösterreich transferierte, war ein Techniker namens Nikolaus dafür verantwortlich, dass die Sole durch lange Röhren in die Pfannhäuser geleitet wurde. Für diese Leistung wurde dieser als „von Röhrenbach" geadelt. 1607 schließlich ging die 40 Kilometer lange, älteste Pipeline der Welt aus 13.000 Holzrohren von Hallstatt nach Ebensee in Betrieb.

Linzer Grafiker beeinflusste Steve Jobs

Der in Haag am Hausruck geborene Herbert Bayer (1900–1985, gestorben in Montecito, Kalifornien) war Fotograf, Grafikdesigner, Typograf, Ausstellungsarchitekt, Maler, Art Director der Zeitschrift „Vogue" und Lehrer am Bauhaus in Dessau. Nach seiner Emigration in die USA gestaltete er Gebäude, Typografie und Möbel des Aspen Institutes. Apple-Gründer Steve Jobs beschreibt Bayer in seiner Biografie auf Seite 154 als wichtigsten Einfluss für sein Unternehmen: „Einfachheit ist die höchste Form der Raffinesse."

Welser Seile auf dem Nanga Parbat

Als der Innsbrucker Alpinist Hermann Buhl (1924–1957) als erster Mensch 1953 den Nanga Parbat bestieg, verwendete er Bergsteigerseile der Firma Teufelberger in Wels, entstanden aus der 1790 gegründeten Hanfseilerei. Auch Reinhold Messner erklomm mit einem Teufelberger-Kletterseil seinen ersten Achttausender.

PfeffErminZ

1850 verkaufte der Arzt Eduard Haas sein selbstentwickeltes Backpulver als Alternative zur Hefe. 1927 holte sein Enkel Eduard Haas III. 1927 in Traun drei Buchstaben aus dem Wort PfeffErminZ und erfand mit PEZ die kleinen industriell hergestellten Zuckerstücke, vorerst als Alternative zum Rauchen. Ab 1949 lösten dann die PEZ-Spender in zahlreichen Serien weltweite Sammelleidenschaften aus.

Vom Schlitten zum Ski

1924 errichtete die Wagnerfirma Georg Größlbauer und Josef Fischer eine Werkstatt in Ried im Innkreis und stellte hier vor allem Leiterwagen und Schlitten her. Daraus entstand später – Anfang der 1970er-Jahre – die damals größte Skifabrik der Welt, Fischer Ski.

Größte Werft Österreichs

Die Linzer Werft ÖSWAG ist die größte Schiffswerft Österreichs. Seit ihrer Gründung 1840 wurden hier 1.500 Schiffe produziert – vom Passagierschiff bis zum Polizei-Boot.

Verbindend

Der Ennshafen ist mit 3,5 Millionen Quadratmetern der exportstärkste und zugleich jüngste öffentliche Hafen Österreichs. Schon im römischen Lauriacum, heute Enns, gab es einen Hafen an der Donau und damit einen wichtigen Handelsweg für die Römer. 1566 war Enns überhaupt der größte Donauhafen zwischen Passau und Wien. Die Traunschiffer brachten ihr Salz in den damaligen Salzhafen, wo es gelagert und auf größere Donauschiffe umgeladen wurde.

Schwerster Granit auch für Wien

Das größte Werkstück aus Mauthausener Granit, das je geliefert wurde, stammt aus dem Perger Trommelbergbruch, wiegt 57 Tonnen und ist 8,4 Meter hoch. Verwendet wurde er für den Stein der Republik am Mahnmal gegen Krieg und Faschismus auf dem Helmut-Zilk-Platz vor der Albertina in Wien und enthält Teile der Regierungserklärung zur Gründung der Zweiten Republik sowie die Namen der Männer, die sie am 27. April 1945 unterzeichnet haben. Der Granit findet sich in Wien übrigens unter anderem auch im Burgtheater, in der Hofburg, in der Pestsäule auf dem Graben, als Becken des Austriabrunnens auf der Freyung und in Form von Pflastersteinen.

Weiße Erde

Am Südrand des Mühlviertler Granitmassivs im Ortsgebiet von Kriechbaum liegt das einzige derzeit in Österreich bekannte und abbauwürdige Vorkommen von Kaolin. Das Aluminiumsilikat hieß hier schon länger Weißton, Weiße oder Passauer Erde und wird zur Papierherstellung und Porzellanbearbeitung verwendet. 1803 taucht in Tragwein erstmals die Berufsbezeichnung Weißmacher auf. Die hier ansässige Österreichische Kaolin- und Montanindustrie Aktiengesellschaft ist das größte Förderunternehmen in Österreich.

Goldbären aus Linz

Seit Haribo 1989 den 1921 gegründeten Konditorei-Großbetrieb Panuli übernommen hatte, werden die Goldbären auch in Linz produziert. 16.000 Tonnen Süßwaren pro Jahr werden hier hergestellt, rund 75 Tonnen am Tag.

Kulinarisches

Kein Wunder, dass dieses Kapitel das umfangreichste ist: Gutem Essen und Trinken wird hierzulande großer Wert beigemessen.

Oberösterreichische Weltkugel

Als kulinarisches Wahrzeichen des Landes gilt natürlich der Knödel, auch liebevoll „oberösterreichische Weltkugel" genannt. Bis heute ist der Montag speziell im Innviertel der klassische Knödeltag geblieben. Denn der Teig wurde und wird aus altbackenem Brot gemacht, das vom sonntäglichen Schmaus übrig ist. Innviertler Durcheinanderknödel heißen die mit Speck gefüllten Kugeln, wenn der Teig aus Weiß- und Schwarzbrot gemischt wurde, und Oarschmalzknoan sind mit Eierspeise („Eiern in Schmalz") gefüllt.

Mostsprache

Seit einem starken Einbruch Mitte des 20. Jahrhunderts ist der Most mittlerweile wieder gefragt. Es gibt Ausbildungslehrgänge zum Mostsommelier und zur Mostsommelière. Eine eigene Mostsprache hat sich herausgebildet, die der Weinterminologie kaum nachsteht, und man wählt unter einer Vielzahl von Sorten und Nuancen von zartfruchtig bis kräftig, von Speckbirnen, Landlbirnen, Brünnerlingen, Birnen- und Apfelcider.

Mostland Oberösterreich

Während der Most im frühen Weinland Oberösterreich noch kaum bekannt war, glaubte man zu Ende des 19. Jahrhunderts, ohne Most nicht mehr auskommen zu können – er wurde zur „Landessäure“. Der größte Mostboom war in der Wirtschaftskrise der 1920er- und 1930er-Jahre zu verzeichnen: Die Arbeitslosen und Ausgesteuerten, und nicht nur diese, tranken im Gasthaus oder bei einem Bauern „a Seitl Most, damit's net vü kost“. Oft ging es beim Mosttrinken hitzig zu, sodass der Mundartdichter Franz Hönig den Oberösterreicherinnen und Oberösterreichern zur halb liebenswürdig, halb kritisch gemeinten Charakterisierung als „Mostschädel“ verholfen hat.

Bierland

Die Kunst des Bierbrauens wurde hierzulande im frühen Mittelalter vor allem von Mönchen in Klosterbrauereien wie etwa in Schlägl und Engelhartszell weiterentwickelt, die ersten nichtgeistlichen Brauereien wie etwa jene in Hofstetten entstanden – mit ihrem Gründungsjahr 1449 ist sie sogar als „älteste Brauerei Österreichs" im „Guinnessbuch der Rekorde" angeführt. Oberösterreich hat mit 62 die zweitmeisten Braustätten nach Niederösterreich. Bierhochburg neben dem Mühlviertel und dem Salzkammergut ist das Innviertel mit zehn Brauereien. Hier werden mehr als 80 Biersorten produziert.

Bierstreik

Am 1. Juli 1908 gingen hunderte Menschen aller Stände und Klassen von Braunau nach Simbach, um in Bayern ihr Bier zu trinken. Damit protestierten sie gegen eine vom Innviertler Brauherrenverein angeordnete Bierpreiserhöhung sowie die Abschaffung des Dreiviertelliters – dieser bedeutete, dass zwar ein Dreiviertelliter bezahlt, aber ein ganzer Liter eingeschenkt wurde. Am 11. Juli kam es in Braunau zu weiteren Protesten mit dem Beschluss, den Bierkonsum in Braunau so lange einzustellen, bis die Preiserhöhung wieder aufgehoben würde. Der größte Demonstrationszug erfolgte jedoch am 12. Juli: Mehr als 2.000 Menschen zogen wieder mit Musikbegleitung nach Simbach am Inn. Die Bierpreiserhöhung wurde schließlich am 17. Juli 1908 zurückgenommen, der Dreiviertelliter wieder ausgeschenkt.

Linzer Bier

145 Jahre lang wurde in Oberösterreichs Hauptstadt Linzer Bier gebraut. Nach einer langen und wechselvollen Geschichte begannen 2021 die Bauarbeiten zu einer Brauerei fürs Linzer Bier in der Tabakfabrik Linz – natürlich mit einem Anstich.

Bierstacheln

Mit den ersten industriellen Kühlanlagen Ende des 19. Jahrhunderts wurde Bier oft zu stark heruntergekühlt. Auf die Beschwerde eines Gastes soll eine findige Wirtin einen Schürhaken im Ofen gewärmt und dann in den Krug gehalten haben. Dadurch karamellisiert der Restzucker, und die Kohlensäure verflüchtigt sich. Das Bier wird nicht nur etwas wärmer, sondern auch süßer, intensiver und süffiger. Zum Bierstacheln sind laut den Experten in Freistadt im Mühlviertel besonders stärkere Biere und vor allem Bockbier geeignet.

Erste Weißbierbrauerei

1933 gründete Johann Lechner die erste oberösterreichische Weißbierbrauerei in Ried. Bis 1981 war sie in Betrieb und wurde dann in ein Brauereimuseum umgewandelt.

Gleishupfer

In einigen Regionen wird aus Hafer Whiskey hergestellt, im Mühlviertel auch ein Haferschnaps. Im Pferdeeisenbahnmuseum in Kerschbaum wird als geistige Stärkung der Gleishupfer serviert: Haferschnaps mit einem Schuss Schlagobers.

Das Land des Erdapfels

Wer bis 1990 ein Auto mit schwarz-weißem Kennzeichen und dem Anfangsbuchstaben O erblickte, wusste: „a Erdöpfla". Das O stand nicht nur für Oberösterreich, sondern auch für den Erdapfel, andernorts Kartoffel genannt. Erste Hinweise zum Beginn des Erdäpfelanbaus in Oberösterreich reichen bis in die zweite Hälfte des 18. Jahrhunderts zurück. Viel früher verfasste Benediktinerabt Kaspar Plautz im Kloster Seitenstetten in Niederösterreich ein Kochbuch mit Kartoffelrezepten, das 1621 wiederrum in Linz erschien. Heute werden hierzulande auf 1.300 Hektar Fläche Erdäpfel angebaut. Die geschichtsträchtige Knolle wird nicht nur nach Sorten eingeteilt, sondern auch nach Kocheigenschaften und Farben wie Rot, Lila oder Gelb.

Linzer Delikatess

Eine frühe Erdapfelsorte trägt sogar den Namen der Landeshauptstadt: Die Linzer Delikatess mit länglichen bis birnenförmigen Knollen und glatter, feiner Schale ist festkochend und hellgelb – und wirklich eine Delikatesse.

Jaus'n mit Radi

Bei einer Jaus'n geht es in Oberösterreich herzhaft zu: mit einer Runde bei Speck und Most oder Bier, als Brettljause typischerweise auf großen Holztellern oder „Brettln" serviert. Oft mit dabei sind Geselchtes und kalter Schweinsbraten sowie Erdäpfelkäs', Bauernbrot und unbedingt der Radi, auch bekannt als Rettich.

Bratl in da Rein

Für hochdeutsch sozialisierte Menschen kaum fehlerfrei auszusprechen, kommt der Schweinsbraten als „Bratl in da Rein" mit Erdäpfeln, Semmel-, Mehl- oder Erdäpfelknödeln und dem Stöcklkraut auf den Tisch – unbedingt alle Zutaten zusammen in einer meist gusseisernen Pfanne, der Rein.

Das weiße Gold

Was dem Salzkammergut das Salz, ist den Innviertlern der Speck, der hier unter „Weißes Gold“ firmiert. Seit Generationen werden die Rezepte zur Herstellung von Kübelspeck weitergegeben und heute von wenigen im Innviertel noch so ausgeführt. Verwendet wird der Rückenspeck der Specksau, die ein Gewicht von 400 Kilo haben soll. Das Salzen von Speck heißt Suren, die Bottiche sind hier die Selchkübel, daher heißt der Surspeck auch Kübelspeck. Die Speckstücke werden in Bottiche gelegt, mit der Sure überdeckt und mit Steinen beschwert, damit keine Luftblasen entstehen.

Oarfisch

heißen im Innviertel die pochierten oder verlorenen Eier.

Kaffeeersatzhauptstadt

Linz war einst die Kaffeeersatzhauptstadt Österreichs. Julius Titze hatte hier 1868 die Erste oberösterreichische Feigenkaffee-Fabrik begründet. 1879 folgte die Ludwigsburger Kaffeemittelfabrik des Carl Heinrich Franck mit einer Niederlassung in Linz, die bald zur größten Kaffeemittelfabrik der Habsburger Monarchie aufrückte. Franck wurde für Linz zu einem Symbol und das Franckviertel nach ihm benannt.

Stollen für Limonade

Wahrscheinlich haben schon die alten Römer ihren Wein in Kellern gekühlt, die in den Bauernberg in Linz geschlagen wurden. Sein weicher Sandstein hatte eine Grabung mit Hacke und Schaufel bereits Jahrhunderte vor der Erfindung von Sprengstoffen möglich gemacht. Später zeigen Namen wie Aktienkeller und Märzenkeller, dass bevorzugt Bier gelagert wurde. Limonen beziehungsweise Limonade gaben wiederum dem Limonikeller seinen Namen. Der im Krieg als Luftschutzkeller dienende Limonistollen ist noch heute zu besichtigen.

Älteste Torte der Welt

Das Rezept für die Linzer Torte gilt als ältestes bekanntes der Welt, und die Torte zugleich als ältestes Gebäck, das

seinen Namen von einem Ort erhalten hat. Bereits seit 1653 wird sie namentlich erwähnt. Wer sie erfunden hat, wird immer ein Rätsel bleiben. Das älteste Rezept stammt aus dem mehr als 350 Jahre alten Kochbuch: „Buech von allerley Eingemachten Sachen, also Zuggerwerckh, Gewürtz, Khütten und sonsten allerhandt Obst wie auch andere guett und nützlich Ding etc.“, aufbewahrt im Stift Admont in der Steiermark. Es enthält vier Rezepte zur Linzer Torte und zum Linzer Teig für dieses beliebte Backwerk im Barock. Im Gegensatz zu heute war der Teig damals deftig: In Butterschmalz wurde ein Butterziegel eingearbeitet und als „Schüsseltorte“ in einer (silbernen) Schüssel – ähnlich den heutigen Pasteten – mit einer Fülle aus Quitten- oder Pfirsichmarmelade und dem berühmten Gitter darüber zubereitet.

Heute besteht die Mürbteigtorte, die wegen ihrer langen Haltbarkeit oft und gerne in alle Welt verschickt wird, aus Mehl, Butter, Staubzucker, gerösteten Haselnüssen, Eiern, Vanille, Zimt, Nelken, Zitrone, roter Ribiselmarmelade (Johannisbeere) und Mandeln. Die Marmelade wird übrigens vor dem Backen aufgetragen, dadurch ist das Ergebnis mehr Kuchen als Torte. Rund 100.000 Stück davon entstehen jedes Jahr in der Konditorei Jindrak in Linz.

Bosna aus Linz?

Der Linzer Petar Radisaljević behauptete vor Jahren, dass er 1974 als Gast bei einem Würstelstand in Linz die Bosner oder auch Bosna erfunden hätte, weil ihm das zu den Bratwürsteln angebotene warme Sauerkraut nicht zugesagt hätte. Der deutschen Sprache noch nicht mächtig, zeigte er auf die Zutaten, die er haben wollte, und heraus kam das Weißbrotweckerl mit Würsteln, Zwiebeln und Senf, das er nach seiner Heimat Bosnien benannte.

Donaufisch, geräuchert

Als traditionellen „Steckerlfisch" auf Tresterkohle geräuchert gibt es den Donaufisch beim letzten berufsmäßigen Donaufischer in Linz. Begleitet wird die Spezialität – Barben, Brachsen, Rotaugen und Forelle – von frischem Gemüse und Most aus dem Garten.

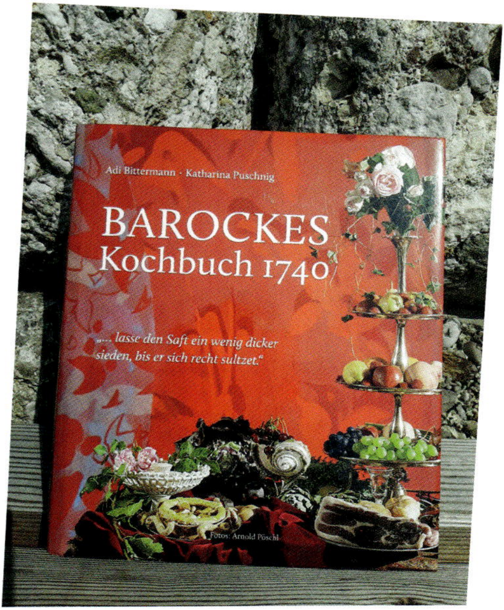

Wiener Schnitzel aus Steyr

Sollte das berühmte Wiener Schnitzel tatsächlich aus Steyr kommen? Viele Geschichten ranken sich um die Herkunft, eine davon findet sich im „Nützlichen Koch-Buch" von 1740, das in Steyr verlegt wurde und im Innerberger Stadel zu sehen ist. Darin findet sich ein Rezept für die Zubereitung eines Kalbsschnitzels, das mit feinen Brotbröseln paniert wurde. Denn dass Feldmarschall Radetzky das Rezept 1857 aus Italien mitgebracht haben soll, wurde mittlerweile widerlegt.

Saure Suppe

Eine typische Stärkung schon zum Frühstück war früher die saure Suppe aus Sauermilch und etwas Rahm, Kümmel und mit Schwarzbrotwürfeln. Was für die einen tägliche Mahlzeit, war für andere speziell: Komponist Gustav Mahler aß bei seinen Aufenthalten in Steinbach am Attersee gerne saure Suppe.

Gruber Mäuse

Die Rezeptur dieses süßen Innviertler Schmalzgebäcks ist ähnlich wie beim Germteig-Traditionsgebäck Gebackene Mäuse, doch wird hier dem Grundteig Topfen beigemengt. Der Name führt zurück zum Komponisten Franz Xaver Gruber (1787–1863): Der nämlich musste die Uraufführung seines Liedes „Stille Nacht, heilige Nacht“ 1818 in Oberndorf bei Salzburg auf der Gitarre bestreiten, weil – so die Mär – Mäuse den Blasebalg der Orgel angeknabbert hatten.

Schratt-Guglhupf

Die innige Beziehung der Burgschauspielerin Katharina Schratt (1853–1940) zu Kaiser Franz Joseph I. war schon zu ihren Lebzeiten bekannt. Auf einem eigens gezimmerten Holzsteg ging der Kaiser zur nahen Villa Felicitas und genoss den „Vortheil der Nähe“. Ein gut gehütetes Geheimnis war hingegen, dass davon auch die Konditorei Zauner in Bad Ischl profitierte: Mit einer Art Dauerauftrag lieferte Zauner täglich frühmorgens – der Kaiser war Frühaufsteher – drei Stück Guglhupf nach Geheimrezept von Frau Schratt zu deren Villa. Denn Schratt wollte nicht immer so zeitig in der Küche stehen und befürchtete, dass ihr der Guglhupf misslingen könnte. Der Kaiser erfuhr bis zu seinem Tod nicht, wer die Mehlspeise wirklich gemacht hatte. Den Schratt-Guglhupf gibt’s noch heute beim Zauner in Bad Ischl.

Vom Nickerl-Batz zum Zaunerstollen

Der berühmte Bad Ischler Zaunerstollen war ursprünglich ein Zufallsprodukt. Um 1900 verfeinerte Josef Nickerl, ehemaliger Patissier in Karlsbad, zum Einstand in der Konditorei Zauner ein mitgebrachtes Rezept: Die berühmten Ischler Oblaten waren entstanden. Um den Oblatenbruch nicht wegwerfen zu müssen, zerkleinerte er die Reste, vermischte sie mit einer Haselnuss-Schokolademasse und formte daraus kleine Makronen, die bald Nickerl-Batz genannt wurden. Die große Nachfrage ließ Viktor Zauner und Josef Nickerl mit Form und Glasur experimentieren, woraus 1905 der berühmte Zaunerstollen entstand.

Stanglfisch

Ein Steckerlfisch rund um den Traunsee ist eine regionale Spezialität und wird hier meist Stanglfisch genannt.

Mokka am Mitteltisch

Schriftsteller Thomas Bernhard trank seinen Mokka für gewöhnlich in Gmundens ältester Konditorei, saß allerdings am Mitteltisch – und nicht „am Vierer" wie um 1900 etwa Peter Altenberg, Hugo von Hofmannsthal und Arthur Schnitzler. Seit 1878 gibt es beim „Grellinger" süße Ware, die Konditorei war königlich-herzoglicher Hoflieferant mehrerer Fürstenhäuser.

Leberbunkel

Speziell im Innviertel stand der Leberbunkel früher oft auf der Speisekarte. Auf Hochdeutsch heißt dieses Regionalgericht Lebernetzbraten, weil die Lebermasse im Schweinsnetz eingeschlagen in einer Rein knusprig gebacken wird. Ein Bunkel ist hierzulande das Wort für Kuchen, auch in der deftigen Form. In der Gegend um Linz und im Mühlviertel nennt man dieses Schmankerl wiederum Leberschädel.

Bauernkrapfenschleiferei

In Hinterberg bei Tragwein im Mühlviertel steht Österreichs einzige Bauernkrapfenschleiferei. Geschliffen werden hier kleine Germteiglinge, nachdem sie auf der Arbeitsfläche zu einer geschmeidigen Kugel gerollt wurden. Der Überlieferung nach muss der Krapfen innen so dünn sein, dass man einen Liebesbrief durch ihn lesen kann. Die fertigen Krapfen gibt es gefüllt mit Eis, Marmelade, auch mit Sauerkraut oder Speck und mit Käse überbacken.

Gebackene Affen

Ähnlich deftig sind die gebackenen Affen im Innviertel, aus Mürbteig in Butterschmalz herausgebacken: gezuckert mit Hollerröster oder Apfelmus, aber auch ungezuckert mit Sauerkraut. Für die Herstellung gibt es sogar ein spezielles Geschirr, das Affenpfandl.

Der Schober

ist nicht nur die höchste Erhebung in der Geländekante der Schafberggruppe, sondern vor allem ein Kuchen, der meist in einer Auflauf- statt einer Kuchenform gebacken wird.

Krapferlprozessionen

Laut Überlieferung wurden schon im 18. Jahrhundert Gramastettner Krapferl gebacken. Zu den gezuckerten Mürbteigkeksen fanden in den 1920er-Jahren sonn- und feiertags gar Krapferlprozessionen von Linz ins 15 Kilometer entfernte Mühlviertler Örtchen Gramastetten statt.

Mohnflesserl

gibt es unter diesem Namen nur in Oberösterreich und nur hier auch mit Salz bestreut. Alte Quellen verweisen auf das Linzer Salzflößel, gebacken im späten 19. Jahrhundert als Gebildbrot mit drei bis vier Reihen Teigflechten in Form eines Floßes. Die heute aus einem Strang gezopften Salz-Mohnflesserl sind umgangssprachlich etabliert und gehören ins Brotkörberl.

Leinöl-Erdäpfel

Man nehme gekochte Erdäpfel (Kartoffel), schneide sie in Scheiben, füge ein erhitztes Gemisch aus Milch und Obers (früher oft Sauerrahm) hinzu und lasse alles zusammen so lange köcheln, bis ein leicht cremiges Erdäpfelragout entsteht. Erst auf dem Teller kommt ein Schuss Leinöl dazu: Das einst als Öl der armen Menschen im Mühlviertel bezeichnete, leicht nussige Leinöl wird aus den reifen Flachssamen gewonnen und gilt mittlerweile als Spezialität.

Kulturelles

Wegkomponiert

Als der Komponist Gustav Mahler mit dem Dirigenten Bruno Walter am Attersee spazieren ging, erklärte er dem Besucher: „Sie brauchen gar nicht mehr hinzusehen, das habe ich alles schon wegkomponiert." Wie gut, dass er noch etwas übrig ließ und wir heute sowohl Mahlers Musik als auch Oberösterreichs Landschaft genießen können.

Musik: sehr gut!

Die Landesmusikschule ist mit rund 4.700 Schülerinnen und Schülern die größte Musikschule Österreichs.

Attwenger und Texta

Die Zwei-Mann-Band Attwenger – Markus Binder und HP Falkner – gießt das Oberösterreichische in Musik. Die beiden adaptieren traditionelle Mundartmusik mit Punk, Hip-Hop, Drum und Bass. Bemerkenswert ist weiters, dass sie Konzerte nicht nur in Europa, sondern auch in Simbabwe, Malaysia, Vietnam, Pakistan und im Rahmen einer Sibirien-Tournee spielten.

Ebenfalls im Dialekt performen die Rapper von Texta, 1993 gegründet und damit die erste Hip-Hop-Band Österreichs.

Wiederbelebung von Bruckners Flügel

Auf dem 175 Jahre alten Hammerflügel hatte der Komponist Anton Bruckner sämtliche großen Werke und alle neun Sinfonien erarbeitet. Doch seit dem Tod Bruckners 1896 stand das Instrument unbespielt im Brucknerzimmer des Chorherrenstifts St. Florian, wo der Meister auch begraben wurde. Profis zerlegten nun den historischen Bösendorfer in seine Bestandteile, befreiten ihn vom Holzwurm und bestückten ihn mit den originalen Hämmern und neuen Saiten, die äußere Patina blieb erhalten. Bei einem Konzert bei den Brucknertagen 2021 im Stift erklang er erstmals seit Bruckners Tod wieder.

Straßenkunst in der Stadt

Das Linzer Pflasterspektakel ist das größte Gauklerfestival Europas.

Ältestes Theater

1791 richteten Bühnenbegeisterte in Grein an der Donau im ehemaligen Getreidespeicher des Rathauses ihr Theater ein, das als ältestes, weitgehend im Originalzustand erhaltenes Stadttheater Österreichs gilt.

Linzer Vater eines Weltklasse-Tänzers

Wäre Fred Astaires Vorname nicht amerikanisiert worden, hätte er Friedrich Austerlitz junior heißen müssen. Darüber konnte Fred Astaire (1899–1987) froh sein, denn der in Linz geborene Friedrich Austerlitz senior (1868–1924) wurde sein Leben lang Fritz gerufen, auch in den USA, und das ist im englischsprachigen Raum das Synonym für „Deutscher". Der zweite Vorname des Linzers Fritz Austerlitz, Emanuel, weist auf dessen jüdische Wurzeln hin, wiewohl die gesamte Familie seiner Generation zum Katholizismus konvertierte.

KUPF

Die Kulturplattform Oberösterreich, abgekürzt KUPF, ist der älteste Verband zeitgenössischer Kulturinitiativen in Österreich mit Sitz in Linz.

Welttenor aus Linz

In Linz geboren, als Weltklasse-Tenor gefeiert: An Richard Tauber (1891–1948) erinnert in der Herrenstraße 11 eine Gedenktafel für den berühmtesten Gast des Hotels „Zum Schwarzen Bären". 1921 trat er das erste Mal in einer Operette von Franz Lehár auf, der auch sein Freund wurde und ihm Lieder auf den Leib schrieb – der absolute Hit: „Dein ist mein ganzes Herz" aus Lehárs Operette „Das Land des Lächelns". Mit seinem Markenzeichen, dem Monokel, wurde der Tenor Tauber zur Institution – die außerhalb von Opernkreisen wenig bekannt ist. Denn 1938 blieb ihm als Sohn eines Juden nur die Emigration nach London, wo er zehn Jahre später starb und auch begraben wurde.

Renaissance-Rekord

Die berühmten Fresken an der Gartenfassade von Landschloss Parz in Grieskirchen aus der Zeit um 1580 – etwa 90 Meter lang und mehr als zehn Meter hoch – sind der größte im Original erhaltene Zyklus von Außenfresken der Renaissance nördlich der Alpen. Sie gelten sowohl künstlerisch als auch ikonographisch als Hauptwerk der österreichischen und süddeutschen Renaissancekunst.

Die Beethoven-Brüder

Apotheker Nikolaus Johann van Beethoven (1776–1848) blieb nach seiner Lehre in Bonn und Linz am Rhein (!) schließlich in Linz an der Donau, um die Wasserapotheke zu übernehmen und später die erste Apotheke in Linz-Urfahr zu gründen. Sein bekannterer Bruder Ludwig (1770–1827) reiste wegen Nikolaus öfters nach Linz und finalisierte hier seine 8. Symphonie.

„SOKO Linz"

Seit 2022 hat Linz eine eigene Krimiserie: „SOKO Linz" folgt der zwei Jahrzehnte lang ausgestrahlten Erfolgsserie „SOKO Kitzbühel" auf ORF und ZDF. Fürs Casting in der Tabakfabrik standen Interessierte drei Tage lang Schlange.

Martina Gedeck in „Die Wand"

Mit Marlen Haushofers zentralem Werk „Die Wand" verfilmte Regisseur Julian Pölsler 2012 sein Lebensbuch fürs Kino – mit Martina Gedeck in der Hauptrolle. Gedreht wurde an 63 Tagen mit neun Kameramännern im Dachsteingebirge rund um Bad Goisern.

James Bond in Bad Aussee

2015 diente Bad Aussee als Drehort für „Spectre“. Daniel Craig verhindert als James Bond einen Terroranschlag und ermittelt auch in Oberösterreich. Für eine komplett unberührte Winterlandschaft ohne Fußabdrücke und Loipen wurde der Drehort schon Tage vor dem Filmen abgesperrt. Pünktlich zu Drehbeginn schneite es, und die Region präsentierte sich wie gewünscht tief winterlich.

Tote am Teich und im See

Nach dem ORF-Landkrimi „Der Tote am Teich“, der 2015 in und um Windhaag bei Freistadt gedreht wurde, standen Josef Hader, Maria Hofstätter, Miriam Fussenegger und Fritz Karl – alle mit oberösterreichischen Wurzeln – und Erni Mangold für die Fortsetzung „Der Tote im See“ 2017 wieder vor der Kamera. 2021 entstand ein weiterer Landkrimi: „Zu neuen Ufern“.

„Streaming Stream“

Aus dem früheren Linz-Fest wurde 2018 das Stream Festival für Musik, Popkultur und Digitalisierung, geplant im Zwei-Jahres-Rhythmus. Pandemiebedingt wurde es auf 2021 verschoben. Da wurde daraus das „Streaming Stream“, das erste Linzer Musikfestival als reine Online-Veranstaltung.

Passion fürs Spiel

Die Mettmacher Passionsspiele, 1950 von drei Männern als Dank für die gute Heimkehr aus dem Zweiten Weltkrieg ins Leben gerufen, finden nur alle fünf oder zehn Jahre statt. Etwa 250 Menschen vorwiegend aus der Gemeinde bringen die Passion Christi unentgeltlich als Gemeinschaftswerk auf die Bühne. Mettmach ist Oberösterreichs einziger Passionsspielort.

„Stille Nacht" erstmals in Steyr

Die Fassung mit Noten, die 1832 bis 1834 von August Robert Friese in Dresden von „Stille Nacht, Heilige Nacht" herausgebracht wurde, gilt seit jeher als erste Drucklegung des Weihnachtslieds, das weltweit gesungen wird. Allerdings haben Nachforschungen der „Stille-Nacht-Gesellschaft" aus Oberndorf ergeben, dass es der Schriftsetzer und Buchhändler Joseph Greis um 1827 in Steyr war, der als erster den Liedtext in Druck gelegt hatte und in einem Liederheftchen herausbrachte.

Zu „Bambi" inspiriert

Die jährliche Sommerfrische mit der Familie, die er zum Teil für Jagdausflüge nützte, führte den Journalisten und Schriftsteller Felix Salten auch nach Unterach am Attersee. Hier entstanden 1922 Teile seiner Geschichte vom Reh „Bambi", die Walt Disney zum Kinowelterfolg machen sollte.

Größte Sammlung

Die OÖ Landesgalerie heißt zwar seit 2021 wieder wie früher Francisco Carolinum, benannt nach dem Vater von Kaiser Franz Joseph I., beherbergt aber nach wie vor die weltweit größte Sammlung an Arbeiten von Alfred Kubin und widmet sich neuerdings den Schwerpunkten Fotografie und Medienkunst.

Größter Kunstskandal

1977 war sie der größte Kunstskandal Oberösterreichs in der Nachkriegszeit und wurde als „Fetzenvogel" bezeichnet. Nach Jahrzehnten in einem Depot in Frankfurt am Main landete die 7,5 Meter hohe Nike von Linz 2016 (wieder) auf dem Dach der Kunstuni Linz. Die Künstlergruppe Haus-Rucker-Co, die die Nike schuf, war Teil des forum metall und wird heute als eines der prägendsten Avantgardekollektive der 1960er- und 1970er-Jahre in Österreich angesehen.

Drohnen-Weltrekord

Das Ars Electronica Center Linz ließ am 4. November 2015 im Rahmen des Projekts Spaxels 100 Drohnen gleichzeitig am Himmel tanzen. Das war zum damaligen Zeitpunkt Weltrekord.

Mural Harbor

Der Mural Harbor im Linzer Hafen ist mit einer Fläche von 135 Hektar Europas größte Graffiti- und Muralismo-Galerie im Freien. Die ehemals grauen Fassaden der riesigen Lagerhallen, Industriebauten und Container entlang der drei großen Wasserbecken sind seit 2012 mit mehr als 300 teils überdimensionalen Graffiti von heimischen und internationalen Künstlerinnen und Künstlern wie Aryz, 1UP, Lords Crew, Nychos und Roa aus etwa 30 Nationen gestaltet worden. Hier schnappt sich ein Yeti einen Fisch, dort gesellen sich die vier Jahreszeiten in unterschiedlichen Stilen auf einer geteilten Fassade. Der Kulturverein betreibt geführte Touren durchs Gelände von seinem „Museum auf Zeit“ aus.

Kurt Cobain mit Nirvana in Linz

Das Publikum des Kulturvereins Kapu ahnte am 20. November 1989 wohl nicht, einem musikhistorischen Ereignis beizuwohnen. An diesem Abend gab Kurt Cobain mit seiner Band Nirvana – damals noch in anderer Formation – das erste von nur fünf Konzerten österreichweit. Wenige Monate später ging in den USA das Album „Nevermind" durch die Decke und machte Nirvana zu Weltstars.

2017 verwirrte der australische Graffiti-Künstler Lush Sux mit seinem Werk auf dem Haus der Kapu: Ein Spruch von Neil Young, den Kurt Cobain in seinem Abschiedsbrief vor seinem Suizid 1994 zitierte, und daneben ein Porträt, das statt Cobain den US-Komiker David Spade zeigt, verbreiteten sich rasant online.

Kokoschkas Sichtweise

1955 beauftragte der damalige Linzer Bürgermeister Ernst Koref den Künstler Oskar Kokoschka, eine Ansicht der Stadt Linz zu malen. Statt vom Hausberg Pöstlingberg aus fand Kokoschka auf dem Pfenningberg den passenden Ausblick und fertigte ein großformatiges Bild an. Als Freund des Museumsgründers Wolfgang Gurlitt hielt sich der Maler öfters in Linz auf. In der Neuen Galerie der Stadt Linz fand auch Kokoschkas erste große Ausstellung nach dem Zweiten Weltkrieg in Österreich statt. Das Bild befindet sich im Kunstmuseum Lentos, der Nachfolgeinstitution der Neuen Galerie.

Zu schade für die Lade

Unter diesem schönen Titel zeigt das Lentos Kunstmuseum Linz im Grafikraum der Sammlungsausstellung in wechselnder Hängung Arbeiten bekannter Künstlerinnen und Künstler und Entdeckungen aus den Jahren 1850 bis 2014. Im riesigen Speicher des Hauses befinden sich außerdem etwa 16.500 Gemälde, Skulpturen, Grafiken und Fotografien. Am häufigsten verleiht das Lentos Werke von Klimt, Kokoschka und Schiele an andere Museen. Die bisher weiteste Reise legte 2019 Gustav Klimts Bild „Kühe im Stall“ zurück: nach Japan.

W. A. Mozart

Der berühmteste Vertreter der Wiener Klassik war gleich mehrere Male in Linz. Auf Einladung des Grafen Johann Joseph von Thun hielt sich Wolfgang Amadeus Mozart 1783 in dessen Haus auf, wo der damals 27-Jährige einige Kompositionen schuf, darunter die „Linzer Symphonie“ KV 425 und die „Linzer Sonate“ KV 333. Uraufgeführt wurde die „Linzer Symphonie“ im Zuge einer von Graf Thun veranstalteten „musikalischen Akademie“ Anfang November 1783.

Königе der Keulen

Die Brüder Christoph und Manuel Mitasch aus Gallneukirchen sind als Duo Jonglissimo vierfache Weltrekordhalter in der Keulenjonglage und erreichten 2005 und 2007 den Weltmeistertitel in der Teamjonglage. Seit 2008 sind zwei Schärdinger mit dabei, 2012 nahmen die Vier als erstes österreichisches Team am weltgrößten Zirkusfestival der Welt teil, dem Festival Mondial du Cirque de Demain in Paris.

Kultureller Hotspot

2009 war Linz Kulturhauptstadt Europas, 2014 erhielt sie die Auszeichnung als UNESCO City oft Media Arts, weil sie „als Zentrum der Medienkunst und Geburtsstadt der Ars Electronica Perspektiven und Innovationen in Kultur, Wirtschaft und Gesellschaft ermöglicht“.

Erster Cave

Der Cave im Ars Electronica Center war bei seiner Eröffnung 1996 der erste und einzige öffentlich zugängliche Cave der Welt. In diesem Multimediaraum der 1990er-Jahre im eben erst eröffneten Ars Electronica Center konnte man durch Wände schweben. Der Cave wich dem Deep Space, aus dem schließlich der Deep Space 8k geworden ist.

Kulturgut Landler

Der Innviertler Landler, vermutlich der wichtigste traditionelle Tanz des Innviertels, wurde 2013 ins österreichische Verzeichnis des Immateriellen Kulturerbes der UNESCO aufgenommen. Seinen Ursprung hat er in den Zechen, den bäuerlichen Burschenkameradschaften, die Geselligkeit und natürlich Wirtshauskultur pflegten.

950 Jahre alter Chor

2021 feierte der Chor der St. Florianer Sängerknaben sein 950. Jubiläum. Der Bestand des Sängerknabeninstituts ist ab dem Jahr 1071 nachgewiesen, in dem die Augustiner Chorherren das Stift St. Florian übernahmen.

Linzer Klangwolke

Wenn am letzten Wochenende der Sommerferien, also Anfang September, tausende Menschen im Linzer Donaupark zusammenkommen, erleben sie seit 1979 eines der größten Freiluft-Spektakel Österreichs: die Klangwolke. Mit rund 150.000 Gästen war „The Best of Pink Floyd mit Lasershow" (1985) die meistbesuchte aller Klangwolken. Wobei es sogar jeweils drei gibt: Visualisierte und Klassische Klangwolke sowie eine Kinderklangwolke.

Kurioses

Freihaus mit Freigeistern

Über dem Portal steht 1632, die erste Erwähnung findet sich 1537: Das Windhag'sche Herrenhaus auf dem Hauptplatz 23, Renaissancebau mit gotischem Arkadenhof, ist eines von mehreren Freihäusern der Linzer Altstadt. Die Besitzer von Freihäusern oder -höfen waren von städtischen Steuern befreit und durften Handwerker und Künstler beschäftigen, die nicht in der Stadt ansässig waren und zu den einheimischen Zünften gehörten. Ähnliches passiert seit 2018, denn hier co-werken Kunstschaffende, Kommunikationsmenschen, Selbstständige und weitere Freigeister. Unnützes Wissen nebenbei: Das vorliegende Buch entstand zu einem Großteil in diesem Haus.

Frauenklinik und Pin-up-Girls im heutigen Museum

1908 errichtete das Land das dringend benötigte zweite Kurhaus in Bad Hall, das Neue Badehaus. Zwischen 1943 und 1945 beherbergte das umfunktionierte Haus die Linzer Frauenklinik mit Geburtenabteilung, die wegen der drohenden Bombenangriffe nach Bad Hall übersiedelt worden war. Von 1945 bis 1946 besetzten amerikanische Truppen das Haus. Sie errichteten im Tiefparterre eine Bar, deren Wände vom Maler der Kuranstalten mit Pin-up-Girls dekoriert wurden, wiederentdeckt erst bei der Museumserrichtung 1990.

Moschee im Kloster

Eine Kuriosität barocker Lebensart ist das Gartenhaus im orientalischen Stil mitten im Benediktinerkloster in Kremsmünster, auch bekannt unter dem Namen Moschee. Abt Bonifaz Negele ließ es 1640 bis 1642 zweigeschoßig an den Steilhang bauen. Von der südöstlich vorgelagerten kleinen Terrasse bietet sich ein herrlicher Blick auf den Markt Kremsmünster. Wenig aussichtsreich hingegen war das Wirken des Abts: Negele brachte das Stift an den Rand des wirtschaftlichen Ruins und musste auch aus moralischen Gründen abgesetzt werden.

Durch den Hut gehen

Dass der aus Steyr gebürtige Ex-Jesuit und Aufklärer Aloys Blumauer 1782 beim Segen anlässlich des Wien-Besuchs von Papst Pius VI. den Hut nicht abnahm, war selbst dem aufgeklärten Kaiser Joseph II. zu viel an Kirchenskepsis. Blumauers Rechtfertigung „Ist der Segen gut, so geht er durch den Hut!" ist zum geflügelten Wort geworden. Bauern, die vor nichts und niemandem den Hut abnahmen, demonstrierten so ihren Bauernstolz.

Fetzen und Flinserl im Fasching

Höhepunkt des Ebenseer Faschings ist der Fetzenzug am Fetzenmontag, dem Faschingsmontag. Die Teilnehmer tragen dabei Lumpen- und Flinserlkostüme („Fetzen") und stoffene „Fürhangl" oder kunstvoll geschnitzte („geschnegerte") Holzlarven. Im reichen Bad Aussee sind es die Flinserl, die an venezianische Masken und Kostümierungen erinnern. Im deutlich ärmeren Ebensee verwendete man zerschnipselte Fetzen auch als Ausdruck der Sünde, die im Fasching regiert.

„Küssen verboten!“ bei Grottenolmen

Die Grottenbahn zieht bereits seit 1906 ihre Kreise im ehemaligen Maximilianischen Befestigungsturm auf dem Pöstlingberg in Linz. Allerdings war es nicht immer eine Attraktion für Kinder, denn die Zwerge gab es noch nicht in der mit bunten Lampen ausgeleuchteten Grotte, durch die der Drachenzug führt. Vielmehr gab es eine vierte Fahrtrunde, die heute nicht mehr im Programm ist – im Stockdunkeln. Einzig erleuchtet war ein Schild, auf dem stand: „Küssen verboten!“. Ab 1911 konnten sich die Besucher in einem Höhlenmuseum im Keller über die Existenzgrundlagen von Grottenolmen informieren – anhand lebender Exemplare.

Berühmte Affen

Viktor Kaplan (1876–1934), Erfinder der schnellen Wasserturbine, war nicht nur humorvoller Menschenfreund, sondern auch großer Tierliebhaber: Pferde, Kühe, Schafe, Gänse, Hühner, Hund und Katzen, die Krähe „Jakob“ und die zwei Kapuzineraffen „Schnucki“ und „Mucki“ bevölkerten den Landsitz Rochuspoint in Unterach am Attersee. Einer der beiden Affen räumte einst Kaplans Geldbörse aus und verwahrte den Inhalt in seinem Käfig. Nach einem aufgebauschten Zeitungsbericht, 1933 in Turin erschienen, sollen die Affen einige Tausend-Schilling-Scheine genüsslich aufgefressen haben. Kaplan sandte sogar ein Erratum nach Italien. Ironie der Geschichte: Just auf der Tausend-Schilling-Banknote der beiden Auflagen von 1961, genannt „der Blaue“, war Viktor Kaplan mit dem Laufrad einer Kaplan-Turbine abgebildet.

1,8 Millionen Christkindl-Briefe

Die österreichische Post richtete 1950 das Sonderpostamt Christkindl in Steyr ein. Schon im ersten Jahr wurden 42.000 Briefe mit weihnachtlicher Sondermarke und Stempel verschickt. Heute sind es jährlich etwa 1,8 Millionen Briefsendungen, die zehn Mitarbeiterinnen und Mitarbeiter innerhalb von sechs Wochen im Ortsteil Christkindl bearbeiten.

Casanova blitzte ab

1767 wurde Casanova aus Wien ausgewiesen. Da man befürchtete, dass er sich nach Linz begeben werde und den Linzerinnen gefährlich werden könnte, schickte der niederösterreichische Statthalter Graf Schrattenbach ein Warnschreiben an den Landeshauptmann von Oberösterreich. Casanova fuhr dann, wie er sich beklagte, bei „bitterer Kälte“ Ende Jänner 1767 durch Linz – und die schönen Linzerinnen scheinen bei ihm nicht auf.

Rekordmesser

Die überdimensionale Skulptur eines Trattenbacher Taschenfeitels im Bezirk Steyr-Land ist im „Guinnessbuch der Rekorde“ als größter Taschenfeitel der Welt verzeichnet. Dieses Taschenmesser mit jahrhundertealter Tradition wird auch Trattenbacher Zauckerl genannt.

Verärgerter Karl May

Die „Old-Shatterhand-Legende“ erreichte ihren Höhepunkt in den 1890er-Jahren in Linz. Schriftsteller Karl May (1842–1912) gab beim Linzer Alois Schießer Kostümfotos in Kleidung seiner Helden Old Shatterhand und Kara Ben Nemsi in Auftrag, die dann vom Foto-Atelier Nunwarz und einem Buchhändler vertrieben wurden. Adolf Nunwarz (1868–1931) erhielt 1896 das vertragliche Recht, die Fotografien zu vertreiben. Eine Orientreise um 1900 dürfte Karl May zu einem Sinneswandel verholfen haben, er wollte die „Old-Shatterhand-Legende“ aufgeben. 1902 stieg May erneut mit seiner Frau im Hotel „Zum Rothen Krebsen“ in Linz ab, aber diesmal nicht, um sich feiern zu lassen. Im Morgengrauen des 9. Oktober versenkte er 101 Negativplatten seiner Kostümfotos in der Donau. „Er ist ein Lump“, schrieb May über Nunwarz, der nicht autorisierte Abzüge verkauft hatte.

Unterwassermaler

Freiherr Eugen von Ransonnet-Villez (1838–1926) war der erste Sommergast in Nußdorf am Attersee und gilt nicht nur als Begründer des hiesigen Tourismus, sondern hinterließ auch sonst bedeutende Spuren am See. Nach vielen diplomatischen Reisen ließ er sich eine Taucherglocke nach seinen Angaben bauen, um unter Wasser Skizzen für seine Gemälde anzufertigen. Die Glocke hatte Luftzufuhr von einem Boot, ein Bullauge, eine Sitzgelegenheit und sechs Kanonenkugeln zur Beschwerung. Damit war Ransonnet der erste Unterwassermaler. Er verwendete die Glocke in relativ seichtem Wasser und machte in seiner 1867 erschienenen Publikation detaillierte Angaben, wie Farben unter Wasser verfremdet wirken. Bei seiner Villa in Nußdorf pflanzte er exotische Bäume und Gewächse, die er von seinen Reisen mitgebracht hatte. 1886 gründete der begeisterte Segler den Union Yacht Club Attersee.

Hosenskandal

1911 hatte Linz einen Hosenskandal: Eine Dame spazierte in einem Hosenrock aus schwarzem Plüsch vom Franz-Josef-Platz, heute Hauptplatz, über die Landstraße. Bald sammelten sich Neugierige um sie, einige besonders Erboste zerrissen ihr den Mantel und den Hosenrock. Schließlich musste sie in ein Delikatessengeschäft flüchten. Es versammelte sich eine gewaltige Menschenmenge, der Tramwayverkehr stockte, und die Frau konnte nur unter Polizeischutz entkommen.

Krokodil in der Pfarrgasse

Kurz nach der Jahrhundertwende gastierte ein Wanderzirkus in Freistadt, dem ein Krokodil entkommen war. Die Freistädter Jäger erlegten es waidmännisch, andere behaupteten sogar, dass das Krokodil eines natürlichen Todes gestorben sei. Der Kolonialhändler Kaspar Obermayr erbat sich diese Trophäe zum Ausstopfen. Er hängte sie in seinem Haus im Durchgang auf und erzählte den Leuten, dieses Krokodil eigenhändig auf einer Geschäftsreise am Nil erwürgt zu haben.

Vergeltung in der Nische

In einer Mauernische der Schärdinger Schlossparkterrassen findet sich das Denkmal für einen anonymen Franzosen. Nachdem die Stadt 1809 erobert und besetzt worden war, versäumte der Mann aufgrund mehrerer Liebschaften den Abzug seiner Truppe. Daraufhin sperrten ihn eifersüchtige Schärdinger Burschen zur Vergeltung in einer Mauernische ein.

Der größte Mensch

Franz Winkelmeier galt zu Lebzeiten als größter Mensch der Welt. Der sogenannte Riese von Lengau wurde 1860 geboren und schoss bis zu seinem 21. Lebensjahr zu 2,58 Metern auf. Sogar bis zu Queen Victoria sprach sich sein Mythos herum, die ihn bei ihrem Thronjubiläum dem europäischen Adel vorstellte. Mit nur 27 Jahren starb er an einer Lungenkrankheit. Bis heute gilt der Riese von Lengau als der größte EU-Bürger. In seinem Geburtsort ist ihm ein Riesenmuseum gewidmet.

Der Elefant des Kaisers

Der indische Elefantenbulle „Soliman" war ein Geschenk von Johanna, der Tochter Isabellas von Portugal und Kaiser Karls V., an dessen Neffen Maximilian, später Kaiser Maximilian II. (1527–1576), der mit ihm eine große Reise samt Gefolge antrat: von Valladolid nach Barcelona, per Schiff nach Genua und von dort über Mailand nach Innsbruck, von hier über den Inn nach Passau.

1552 erreichte der Tross Linz. Der exotische Elefant erregte mehr Aufsehen als der Kaiser-Neffe und ist auf dem „Elefantenhaus" Hauptplatz 21 in Linz verewigt. Der damalige Hausbesitzer und Linzer Bürgermeister ließ ein Relief in Stukko-Technik anbringen, auf dem zwei „wilde Männer" auf einer Platte den Elefanten hochhalten. 1553 starb „Soliman" in Wien, ausgestopft überdauerte seine Haut bis zum Zweiten Weltkrieg, bis sie in einem feuchten Bombenkeller des Bayerischen Nationalmuseums in München verschimmelte. Aus seinen Knochen ließ der damalige Bürgermeister von Wien einen Sessel anfertigen, der mehrfach den Besitzer wechselte und Ende des 17. Jahrhunderts kurioserweise wieder in der Nähe von Linz landete: im Stift Kremsmünster.

Volksbelustigung

1867 fand auf der Dechantwiese in Ried das „Erste landwirtschaftliche Ausstellungsfest" statt – Vorläufer der Messe Ried und damit ältester Messestandort Österreichs.

Haustürsammlung

Die weltweit einzige Haustürsammlung im Museum Forum Hall zeigt mehr als 100 Türen und Tore aus dem Traunviertel.

Klomuseum

Das Museum für historische Sanitärobjekte in Gmunden wird auch einfach Klomuseum genannt.

Schule des Ungehorsams

Gerhard Haderer (*1951 in Leonding bei Linz), einer der bedeutendsten satirischen Karikaturisten des deutschsprachigen Raums, lebt und zeichnet seit 1985 in Linz. 2017 rief er mit seinem Sohn die Schule des Ungehorsams in der Tabakfabrik ins Leben: Raum für eine Dauerausstellung einiger Werke und Plattform für den Diskurs zu gesellschaftsrelevanten Themen und vorherrschenden Meinungen. 2020 schloss die Schule und ist seither auf Wanderschaft mit Workshops in „echten“ Schulen.

Linzer Auge

Dem berühmtesten Linzer Auge war im Kulturhauptstadtjahr 2009 kein Glück beschieden. Auf der drehbaren Plattform mit 16,5 Metern Durchmesser, befestigt am Donauufer beim Ars Electronica Center Linz, hätten 200 Menschen ungewohnte Perspektiven finden können. Doch Baumängel verhinderten das längerfristige Vergnügen. Das Linzer Auge wurde beim Hochwasser im Juni 2010 aus der Verankerung gerissen, wenig später abgebaut und drei Jahre nach dem Untergang schließlich eingeschmolzen.

Makabres – die dunklen Seiten Oberösterreichs

Kaiserliche Eingeweide in der Kirche

Als Kaiser Friedrich III. (1415–1493) in seiner Altersresidenz Linz aus heutiger Sicht an Arteriosklerose erkrankte und sein linkes Bein amputiert werden musste, hinterließ er zwar damit den medizinhistorisch berühmtesten und am besten dokumentierten chirurgischen Eingriff des Mittelalters, doch überlebte er diesen nur zwei Monate. Wiewohl sein Leib gemäß seinem Status bis heute im Stephansdom in Wien ruht, befindet sich ein Teil von ihm in der Linzer Stadtpfarrkirche: sein Herz und seine Eingeweide. Diese sogenannte getrennte Bestattung erhielten nur Päpste, Kaiser, Könige, hochgestellte Adelige und angesehene Künstler, und sie hatte einen praktischen Hintergrund. Das Verfahren diente der Leichenkonservierung, da durch langwierige Überführungen per Kutsche vom Sterbeort zur vorab festgelegten Promi-Grabstätte oft viel Zeit verging. Ab 1855 machte die Entdeckung des Formaldehyds das unnötig.

Friedhof auf Wanderschaft

Der St.-Barbara-Gottesacker machte auf seinem Weg zum heutigen Standort als Barbara-Friedhof in Linz eine lange Wanderschaft durch. 1286 als Pfarrfriedhof beim Bau der Stadtpfarrkirche angelegt, zog er in den folgenden Jahrhunderten über die heutige Spittelwiese weiter zur Seilerstätte, wo 1658 eine Kapelle der Heiligen Barbara geweiht wurde – daher stammt sein Name.

Nach einem Hofdekret von Kaiser Joseph II., das die Verlegung von Friedhöfen aus den Innenstädten in das Umland vorschrieb, wurde die Begräbnisstätte 1786 aufgelassen. Als Ersatz kaufte man das noch heute verwendete Grundstück außerhalb der damaligen Stadt an. Der derzeit größte Friedhof im zentralen Bereich der Stadt Linz wurde in Etappen erweitert, umfasst auf mehr als zwölf Hektar Fläche circa 20.000 Grabplätze und steht allen Konfessionen sowie Menschen ohne religiöses Bekenntnis offen.

Der letzte Hexenprozess

Viehzauber und Generationenkonflikte waren die beherrschenden Motive im Schwertberger Hexenprozess von 1729 bis 1731, dem vermutlich letzten großen Hexenprozess Österreichs: Die 62-jährige Bäuerin Magdalena Grillenberger vom Wagenlehnergut der Herrschaft Zellhof wurde von ihrer Enkelin belastet, eine Hostie zur Steigerung des Milchertrags der Kühe verwendet zu haben. Von den neun Angeklagten im Hexenprozess wurden sieben hingerichtet, darunter die „alte Grillenbergerin" durch Erdrosseln auf dem Scheiterhaufen nach zweimaligem Zwicken durch glühende Zangen und Abschlagen der rechten Hand.

Im Gefängnis schlafen

Wer den Insassen nachspüren will, kann im alten Gefängnis auf dem Palmplatz in Braunau übernachten. Neun sanierte Gefängniszellen mit den originalen Einrichtungsgegenständen stehen bereit. Die Matratzen mit komplettem Bettzeug sind allerdings garantiert bequemer als im Gefängnisbetrieb bis etwa 1970.

Würfeln ums Leben

Die Veste Ort am Traunsee kam 1483 als ritterliches Lehen an Kaiser Friedrich III., von da an verwalteten Pfleger den Besitz, die auch die Gerichtsbarkeit ausübten. Der Hungerturm und die niedrigen kleinen Kerkerzellen zeugen davon. Der grausamste dieser Pfleger war Adam von Herberstorff, der vor dem Bauernaufstand von 1625/26 vierunddreißig Bauern um ihr Leben würfeln ließ, wobei jeder zweite aufgehängt wurde. Als Frankenburger Würfelspiel ist dieses menschenunwürdige Ereignis in die Geschichte eingegangen.

Das Hängen hochleben lassen

In ganz Oberösterreich waren Braugasthäuser an Markt- und Bauernfeiertagen beliebt, um einzukehren und zu feiern. Im Innviertel aber kam man bis ins 19. Jahrhundert außerdem noch zusammen, wenn es „a Hängats, a Rennats oder a Reitats" gab, also Hinrichtungen, Pferderennen oder Reitvorführungen.

Totenrufen

Als bestätigt gilt der Tod eines Bürgers oder einer Bürgerin in Rohrbach-Berg im Mühlviertel erst, wenn er vom Kirchturm verkündet wird. Wo sonst der Mesner das Sterbeglöckerl läutet, steigt hier seit mehr als 300 Jahren immer noch der Totenrufer auf den Turm der Stadtpfarrkirche und ruft den Namen der Verstorbenen in alle Himmelsrichtungen.

Tod im Goldenen Hirschen

In diesem Anfang des 16. Jahrhunderts errichteten Gasthof in Ebelsberg bei Linz verstarb 1626 der Heerführer Stefan Fadinger an den Folgen einer Schussverletzung, die er im oberösterreichischen Bauernkrieg erlitten hatte. Es heißt daher auch Fadingerhaus.

Letales Liebesdrama

Eines der heftigsten Liebesdramen der Wiener Moderne hatte in der Sommerfrische in Gmunden begonnen: Mathilde Schönberg, Ehefrau des Komponisten Arnold Schönberg, und Maler Richard Gerstl, der den Schönbergs zwei Jahre lang Malunterricht gegeben hatte, wurden am 26. August 1908 in flagranti erwischt. Sie flohen nach Wien, Mathilde verließ Gerstl aber bald und kehrte zu ihrer Familie zurück. Am 4. November 1908 erhängte sich der erst 25-jährige Expressionist Richard Gerstl in seinem Atelier im Alsergrund – von einem Messer durchbohrt vor einem Spiegel.

Mobiles

Eine der Steilsten der Welt

Die Pöstlingbergbahn ist nicht nur die Touristenattraktion in Linz schlechthin, sondern eine der steilsten Adhäsionsbahnen der Welt, also ohne Zahnräder oder Zugseile. Die historische Schmalspurbahn führte ab 1898 traditionell vom Bergbahnhof in Alt-Urfahr auf den Pöstlingberg zu Turm IV der Festungsanlage als Bergstation, und das mit einer Geschwindigkeit, die ein Schild notwendig machte: „Blumen pflücken während der Fahrt verboten!". 2008 wurde die Meterbreite auf 900 Millimeter umgespurt. Seit 2009 zum 111. Jubiläum ist die Strecke bis auf den Hauptplatz verlängert und die Pöstlingbergbahn technisch in das Linzer Straßenbahnnetz eingegliedert.

Pferdeeisenbahn

Die zwischen 1827 und 1836 abschnittsweise eröffnete Pferdeeisenbahn Budweis–Linz–Gmunden war die zweite öffentliche Eisenbahnlinie auf dem europäischen Festland (nach der Bahnstrecke Saint-Étienne–Andrézieux) und diente hauptsächlich dem Transport von Salz aus dem Salzkammergut nach Böhmen. Sie wurde 1855 und 1856 zwischen Linz und Gmunden auf Dampfbetrieb umgestellt. Mit dem Bau der Kaiserin-Elisabeth-Bahn – der Westbahn zwischen Wien und Salzburg – kam das schrittweise Ende der Pferdeeisenbahn, deren Betrieb im Dezember 1872 eingestellt wurde.

Steyrtal Museumsbahn

Österreichs älteste 760-mm-Schmalspurbahn tuckerte ab 1889 durchs Steyrtal. 1909 erreichte ihr Netz mit 55 Kilometern die größte Ausdehnung. Die Strecke wurde 1982 stillgelegt. Eine Teilstrecke wird im Museumsbetrieb an Wochenenden weitergeführt: 17 Kilometer von Steyr nach Grünburg führen durchs idyllische Steyrtal. Die Loks und Waggons wurden restauriert, sogar die Originallok von 1888 schnauft noch.

Der „grüne Frosch“ aus Steyr

Der Steyr-Traktor ist ein Symbol der österreichischen Nachkriegszeit. Am 23. November 1946 wurde der Prototyp des ersten österreichischen Traktors präsentiert: der legendäre Steyr 180, der mit einem 26 PS starken Zweizylindermotor ausgestattet war und wegen seiner grünen Farbe und der behäbigen Form liebevoll als „grüner Frosch“ bezeichnet wurde. 1947 wurde mit den ersten Traktoren aus Steyr die Mechanisierung der österreichischen Landwirtschaft eingeleitet.

Ein Auto, in dem Bert Brecht überlebte

Bert Brecht war zwar sprachgewaltiger Kapitalismuskritiker, aber auch ein leidenschaftlicher Liebhaber kapitalistischer Statussymbole. Zu Beginn seiner Karriere machte er mehreren Automobil-Konzernen ein Angebot: „Biete Werbegedicht, suche Straßenkreuzer.“ Ford und Dodge lehnten ab, Steyr ging darauf ein. So entstand das Lied von den „Singenden Steyrwägen“.

Lange fuhr Brecht das Auto nicht. 1929 stieß er mit 70 km/h gegen einen Baum, ohne allerdings größere Verletzungen zu erleiden. Die massive Karosserie hatte den Aufprall abgefangen. Brecht und Steyr machten daraus die Werbestory „Ein Auto, in dem man überlebt“, für die Brecht einen neuen Steyr erhielt, den er benutzte, bis die Gestapo ihn 1935 requirierte und er im Exil auf einen alten Ford umsteigen musste.

Erster Postbus

Der erste Postbus Österreichs fuhr am 15. Dezember 1907 von Linz nach Eferding.

Der österreichische Käfer

Zwischen 1920 und 1941 wurden in Steyr 56.448 Personenautos gebaut. Das populärste darunter war das 1936 bis 1940 gebaute „Steyr-Baby" mit selbsttragender Karosserie nach Plänen des Steyr-Chefkonstrukteurs Karl Jenschke – in dieser Funktion Nachfolger von Ferdinand Porsche. Die liebevolle Bezeichnung bezog sich auf den Werbeslogan „Ich möcht' von Dir ein Baby – ein Steyr-Baby". Mit seiner käferähnlichen Karosserie und seiner Ausstattung war das „Baby" zweifellos der „Onkel" des Volkswagens und in Wahrheit der einzige Volkswagen im Deutschen Reich, den man tatsächlich kaufen konnte.

Bahn zwischen Ländern

Seit 1893 führt die Schafbergbahn von St. Wolfgang am Wolfgangsee hinauf auf den Schafberg und retour: Die meterspurige Zahnradbahn wurde in nur einem Jahr Bauzeit fertiggestellt. Ihre Talstation liegt in Oberösterreich, die Bergstation im Bundesland Salzburg. Die Lokomotiven schieben ihre Waggons über 1.190 Höhenmeter auf einer maximalen Steigung von 26 Prozent. Für eine Berg- und Talfahrt mit den zwei nostalgischen Dampfloks werden 500 Kilogramm Steinkohle und 3.000 Liter Wasser für eine Stunde Fahrzeit gebraucht. Die neuen Loks fahren natürlich mit Diesel beziehungsweise Heizöl und brauchen nur 35 Minuten. 2019 fuhren fast 340.000 Gäste auf der 5,85 Kilometer langen Strecke. Übrigens: Wer auf dem Wolfgangsee Kapitän werden will, muss zuerst den Dampflokführer machen.

Orient-Express in Simbach

Der 1871 errichtete Bahnhof Simbach im Innviertel war einst ein bedeutendes Eisenbahndrehkreuz, durch das auch der historische Orient-Express kam. Zwischen 1883 und 1897 fuhr der „König der Züge“ von Paris nach Giurgiu mit Anschluss nach Konstantinopel und hielt auf seiner Fahrt zweimal pro Woche in Simbach.

Beichten in der Gondel

„Zeit zum Reden – Zeit zum Zuhören“: Seit 2019 hat die Katrin-Seilbahn eine eigens lackierte Beichtgondel mit Fenstern, die der Bad Ischler Stadtpfarrkirche nachempfunden sind. Regelmäßig werden Seelsorger in der eigens

gestalteten Gondel – eine der neun Themengondeln von insgesamt 40 der Seilbahn – mitfahren und Wanderern die Möglichkeit geben, sich während der 15-minütigen Fahrt die Sorgen von der Seele zu reden. Immerhin fahren jährlich 120.000 Gäste per Seilbahn auf den Berg Katrin.

Schutzweg in 3-D

Der erste 3-D-Zebrastreifen Österreichs entstand Ende November 2017 in der Linken Brückenstraße in Linz.

Im Sessel auf den Berg

Bad Ischl, Sommerfrischeidyll des Salzkammerguts und ehemalige Sommerresidenz Kaiser Franz Josephs (1830–1916), war einst so etwas wie das Monte Carlo von Alt-Österreich. Für die feine Gesellschaft gab es einen besonderen Service: Bauern verdingten sich als Sesselträger und brachten betuchte Adelige zur Jagd oder zu Aussichtsplätzen in die Berge.

Ältester Bahnhof des Kontinents

Der Bahnhof Engelhof diente von 1836 bis 1855 der Pferdeeisenbahn. Er liegt um 50 Meter höher als der absolute Endpunkt der Bahn im Zentrum von Gmunden und war von großer Bedeutung für Salz- und Frachttransporte. Nach 1855 wurde der Bahnhof von der inzwischen längst aufgelassenen Linie Gmunden–Laakirchen–Lambach genutzt, heute verwendet ihn die Traunseebahn. Der denkmalgeschützte Bahnhof Engelhof ist der älteste noch in Funktion stehende Bahnhof Kontinentaleuropas.

Mit dem Bus über die Donau

Im Stundentakt von Mai bis September fährt der Donaubus zwischen Ottensheim und Linz. Maximal zwölf Personen samt Fahrrädern können so in 20 Minuten Fahrzeit dem täglichen Stau ausweichen. Der Katamaran lässt die Tradition des früheren Donaubusses der Donaudampfschifffahrtsgesellschaft aufleben – der damals allerdings deutlich größere dieselbetriebene Schaufelradschiffe hatte.

Kirche für Kraftfahrer

Die Pfarrkirche Maria an der Straße ist die jüngste in Bad Ischl und zugleich die älteste Kraftfahrerkirche Österreichs. Ihr Grundstein wurde am 28. Juli 1956 geweiht, in ihm ist ein kleiner Stein aus dem römischen Kolosseum eingeschlossen. Nach der Glockensegnung 1959 wurden im Rahmen des Festakts auch etwa 300 Autofahrer gesegnet. Zum 1. Jänner 1961 erfolgte die Erhebung der bisherigen Kaplanei zur Pfarrkirche Pfandl.

Der feurige Elias

1890 wurde ihre erste Teilstrecke eröffnet, 1893 zur Gänze, und sogar Kaiser Franz Joseph war mit ihr gefahren: Nach 64 Betriebsjahren wurde die private Eisenbahnstrecke zwischen Salzburg und Bad Ischl, die Salzkammergut-Lokalbahn oder auch „Der feurige Elias" genannt, aus Kostengründen 1957 eingestellt.

Über das Ende der Traditionsstrecke, gegen das es sogar einen Protestmarsch bis auf den Residenzplatz in Salzburg gegeben hat, erzählt die Volksoperette „Der feurige Elias" in drei Akten, 1963 bei den Operetten-Festspielen in Bad Ischl uraufgeführt.

Südbahnhofmarkt

Hier verkehren längst keine Züge mehr, dafür ist es ein wunderbarer Umschlagplatz für frische Marktware. Auf dem ehemaligen Bahnhofsgelände der Pferdeeisenbahn befindet sich der größte Linzer Wochenmarkt. Vorher wurden Obst, Gemüse und sonstiger Tagesbedarf auf dem Hessenplatz verkauft, der aber schwer von den Bombenschäden des Zweiten Weltkriegs gezeichnet war. Darum zog der Markt weiter an die Khevenhüllerstraße, wo ihn Bürgermeister Ernst Koref am 14. Dezember 1949 eröffnete – ja, tatsächlich mitten im Winter.

Erste Fuzo

Die erste Fußgängerzone des Bundeslandes entstand 1977, als die Autos die Linzer Landstraße verlassen mussten. Nach einer umfassenden Umgestaltung, die auch eine neue Pflasterung beinhaltete, kam 1979 der Hauptplatz hinzu, der nun als „verkehrsberuhigt“ gilt. Im Sprachgebrauch hieß es schon lange „Linz an der Landstraße“, was damit gefestigt wurde. Mit durchschnittlich rund 260.000 Menschen pro Woche ist sie die drittmeistfrequentierte Einkaufsstraße Österreichs. Dass die zentrale Fuzo der Innenstadt Landstraße heißt, die zentrale Straße im Stadtteil Urfahr wiederum Hauptstraße, ist nur logisch, oder?

Bim

Die Straßenbahn in Linz, liebevoll Bim genannt, war 1897 eine der ersten in der Österreichisch-Ungarischen Monarchie, wurde als erste Straßenbahn des Landes elektrifiziert und brachte es auf stolze 18 km/h. Keine Sorge, heute ist sie deutlich schneller unterwegs. Die Straßenbahnlinie 2 ist mit einer Länge von rund 18,9 Kilometern die längste Straßenbahnlinie Österreichs.

Hausboote

Im Linzer Winterhafen liegen vier Hausboote zur Vermietung vor Anker.

Kleiner Flughafen mit großen Gästen

Sieben Mal war die Concorde von 1981 bis 1987 auf dem Flughafen Linz in Hörsching zu Gast, öfter als auf jedem anderen österreichischen Flughafen. Selbst das größte Transportflugzeug der Welt, die Antonov 225, und das größte in Serie gebaute Passagierflugzeug, den Airbus A380, bekam man hier schon zu Gesicht.

Seit 1956 heben regelmäßig Passagiere in Hörsching ab. 1959 fanden auf dem Gelände sogar Autorennen statt – prominentester Teilnehmer: Schauspieler Gunther Philipp. Die Anfänge des Linzer Flugverkehrs reichen aber noch viel weiter zurück. Erster Standort für den Luftverkehr war das Gelände auf dem Südbahnhofmarkt mitten in Linz, wo am 30. Oktober 1909 das Luftschiff Estaric I aufstieg. Ab 1934 wurde der Flugverkehr im Stadtteil Linz-Katzenau in der heutigen Industriezeile abgewickelt. Durch die Errichtung der Chemie Linz folgte die Übersiedelung auf das heutige Flughafenareal in Hörsching.

„Gisela“ dampft seit 150 Jahren

Der historische Raddampfer „Gisela“, benannt nach der ältesten Tochter von Kaiserin Elisabeth und Kaiser Franz Joseph I., ist mit seinem Baujahr 1871 einer der ältesten Dampfer der Welt und das letzte der fünf Dampfschiffe, die den Traunsee befahren haben. „Giselas“ oszillierende Verbund-Dampfmaschine stammt noch von 1870 und ist damit weltweit die letzte ihrer Art, die noch aktiv ist. Die Traunseeschifffahrt gibt's sogar seit 1839, gegründet von zwei Engländern. 1981 wurde die „Gisela“ als das erste schwimmende Objekt unter Denkmalschutz gestellt und damit nur knapp vor der Verschrottung gerettet. Seit 1995 befindet sich an Bord das erste schwimmende Postamt Österreichs.

Sprachliches

Die oberösterreichische Sprache ist so vielfältig wie die Landschaft. Eine der typischsten Eigenheiten ist das Suffix „goi?" am Satzende, das gerne eine Zustimmung erwartet – meistens kann die Aussage auch einfach stehenbleiben, weil sie sowieso keiner Bestätigung bedarf: „Des Laund is' scho schee, goi?"

Sprachatlas

Im Sprachatlas von Oberösterreich (SAO) dokumentiert ein Team der OÖ. Sprachforschung seit 1987 mit geplantem Abschluss 2022 die Dialekte und sprachlichen Formen in 223 Orten in und um Oberösterreich.

Hochburg der Mundartdichter

Gleich drei Mundartdichter stammen aus Pramet im Innviertel. Der bekannteste des süddeutschen Sprachraums ist Franz Stelzhamer (1802–1874). Sein „Hoamatland" wurde zum Text der oberösterreichischen Landeshymne erhoben. Nur wenige Schritte von seinem Elternhaus entfernt steht das Tischlerhäusl, wo Hans Schatzdorfer (1897–1969) lebte. Zuletzt reiht sich der ehemalige Volksschuldirektor Ferdinand Binder (1926–1995) in die Mundarttradition von Pramet ein.

Öpfi im Nöwi

Wer „de Öpfi im Nöwi“ nicht findet, ist auf der Suche nach Äpfeln im Nebel. Diese Diphthongierung der Vokale ist ein typisch oberösterreichisches Phänomen.

Wohnen Sie mit oder ohne e?

Die Gemeindegrenze zwischen Nußdorf und Unterach am Attersee führt direkt durch die Ortschaft Stockwinkel. Um zu wissen, welches Haus zu welcher Gemeinde gehört, schreiben die Nußdorfer ihre Ortschaft ohne e, also Stockwinkl, die Unteracher hingegen mit e: Stockwinkel.

Årschlings und vürschlings

So anstößig, wie sie klingen, sind diese Mundartausdrücke dann doch nicht. Denn årschlings bedeutet rückwärts oder rücklings, und vürschlings ist einfach das Gegenteil.

Zweitälteste Zeitung

Die „Amtliche Linzer Zeitung“ ist weltweit die zweitälteste immer noch publizierte Zeitung (hinter dem niederländischen „Haarlems Dagblad“). Seit 11. Juli 1924 erscheint sie alle 14 Tage in Linz. Medieninhaber ist das Land Oberösterreich, der Herausgeber ist das Amt der oberösterreichischen Landesregierung. Der Nebentitel der „Amtlichen Linzer Zeitung“ lautet „Amtsblatt für Oberösterreich“.

Kein Mensch nicht

Der Innviertler Dialekt pflegt eine spezielle Vorliebe für doppelte Verneinungen. „Des mocht koa Mensch ned“ (Das macht kein Mensch nicht) bedeutet, dass das niemand macht. Königsdisziplin ist die drei- oder gar vierfache Verneinung: „Hat koana koan Kuglschreiber net dabei?“ (Hat keiner keinen Kugelschreiber nicht dabei?), also einfach: „Hat jemand einen Kugelschreiber?“

Exakt bis vage

Vier Zeitangaben gibt es hier für Pünktlichkeit – von exakt bis hin zu vagen Angaben: „Treff ma si um fünfe, uma fünfe, umara fünfe oder umara fünfe umadum.“

Arzlochscharte

Der Große Priel ist der höchste Berg des Toten Gebirges im Traunviertel. Nördlich davon befindet sich die Arzlochscharte. Bei diesem Namen wundert's wohl niemand, dass sich die ersten Kartographen einen Spaß machten und einen Buchstaben tauschten. Warum heute noch Bergsteiger das „z" im Gespräch gern gegen ein „sch" tauschen, ist spätestens nach dem zweiten Stolperer über den brüchigen Fels kein Geheimnis mehr.

Ein klein wenig

Wer hierzulande „a Neichtl" oder „no a wengal" bleiben will, möchte etwas gerne ein klein wenig länger tun. Die Präzision liegt irgendwo zwischen fünf und fünfzig Minuten, aber so genau weiß man es nicht.

Supp'nbrunzer

In den Vierkantern des Traunviertels befand sich die hölzerne Heiliggeisttaube über dem Tisch oder im Herrgottswinkel oft in einer Glaskugel. Sie sollte Segen über die Bauersleute und das Gesinde bringen. Weil das abgekühlte Kondenswasser der Kugel in die große, dampfende Suppenschüssel zurücktropfte, ist die Bezeichnung Supp'nbrunzer entstanden. Im Volksglauben hat damit der Heilige Geist „in die Supp'n brunzt" und sie gesegnet. Mahlzeit.

Wo bitte?

Zuwi, dauni, auffi, umi, owi, außi, eini, hiebei und hidau: Bei diesen doch wirklich selbsterklärenden Ortsangaben braucht es keine Erklärung, goi? (Na gut: hinzu, weg, hinauf, hinüber, hinunter, hinaus, hinein, hier und dort.)

Von hier oder anderswo

Die Bewohner des Landes werden häufig in „hiesig" oder „dosig" unterschieden. Die „Hiesigen" sind schon ewig hier, während die „Dosigen" zugereist sind und kaum „hiesig" werden können.

Weibliches

Pionierin der Medienkunst

Die aus Linz stammende Pionierin der Medienkunst Valie Export hat ein eigenes Center in der Tabakfabrik Linz. Es umfasst Vorlass und Archiv und ist der wissenschaftlichen Aufarbeitung und Zugänglichmachung des Archivs gewidmet. Das VALIE EXPORT Center, konzipiert als internationale Forschungsstelle für Medien- und Performancekunst, wird in Zusammenarbeit mit der Kunstuniversität Linz betrieben.

Opernkomponistin

Mathilde Kralik, 1857 in Linz geboren, stammte aus der böhmischen Glasindustriellenfamilie Kralik von Meyrswalden und war eine der bekanntesten Persönlichkeiten unter den österreichischen Opernkomponistinnen der Jahrhundertwende. Für ein Jahr war sie auch Privatschülerin bei Anton Bruckner. Ihr Vater war Glasfabrikant Wilhelm Kralik von Meyrswalden, ihre Mutter Louise geborene Lobmeyr und Schwester des Glasindustriellen Ludwig Lobmeyr zu Wien.

Vom Buch auf die Bühne

Österreichs erfolgreichste Popsängerin der Gegenwart wuchs in Altenberg bei Linz auf. Christina Stürmer wollte ursprünglich Kindergartenpädagogin werden, absolvierte aber eine Lehre als Buchhändlerin, bevor sie mehr als 1,4 Millionen Tonträger verkauft hat.

NASA-Know-how aus dem Innviertel

Im Rahmen der Mission „Mars 2020" hat die US-Raumfahrtbehörde NASA Anfang 2021 ihren Mars-Rover Perseverance mitsamt dem ultraleichten Hubschrauber Ingenuity auf den Roten Planeten gebracht. Dort soll Ingenuity durch die Marsatmosphäre fliegen – eine besondere Herausforderung, weil diese nur ein Prozent der Dichte der Erdatmosphäre hat. An der Forschung war Ingenieurin Cornelia Altenbuchner beteiligt, die am Jet Propulsion Laboratory der NASA in Pasadena/Kalifornien arbeitet – und aus Hochburg-Ach im Innviertel stammt.

Tatort-Regie

Die aus Wels stammende Regisseurin, Autorin und Produzentin Sabine Derflinger ist die erste Frau, die bei einer österreichischen Folge der Krimireihe „Tatort" Regie geführt hat – und zwar 2012.

Die schöne Linzerin

„Die mit Wohlgeruch zu kosen, Deine Freuden zu erhöhn, Knospend müssen tausend Rosen Erst in Gluten untergehn." Diese Zeilen widmete Geheimrat Johann Wolfgang von Goethe einer „schönen Linzerin". Wahrscheinlich 1784 kam in Linz Marianne von Willemer zur Welt, die Goethe als Suleika in seinem „West-östlichen Divan" verewigt hat. Unter den zahlreichen Musen Goethes war die Schauspielerin, Sopranistin und Tänzerin Willemer die einzige Mitautorin eines seiner Werke, denn der „Divan" enthält – wie erst posthum bekannt wurde – auch einige Gedichte aus ihrer Feder.

Fotogruß aus Linz an der Donau

Texte mit Anspielungen auf die „schöne Linzerin" gab es seit dem 16. Jahrhundert, einen kolorierten Kupferstich um 1810, das erste Foto 1904: Der deutsche Fotograf August Sander zeigte seine Frau Anna in oberösterreichischer Tracht auf der Postkarte „Gruß aus Linz an der Donau/ Linzerin". Die Künstlerin Irene Andessner hat 2009 das neue Bild der „schönen Linzerin" mit einer von weltweit nur zwei Großformat-Polaroidkameras produziert und zwölf Bilder als Unikate hergestellt, die im Kunstmuseum Lentos präsentiert wurden – gewidmet 111 Linzerinnen aus allen Lebensbereichen.

Erste Tamponfabrik Österreichs

In der Sommervilla von Freiherr von Ransonnet-Villez in Nußdorf lebte nach ihm der Maler Siegmund Walter Hampel, Wegbegleiter von Gustav Klimt. Hampels Tochter Ulrike Vierthaler (1904–2002), in Nußdorf Hampel Ulli gerufen, verbrachte ebenfalls den Großteil ihres Lebens in Nußdorf. Sie verwaltete den Nachlass ihres Vaters, war insbesondere als Bauernmöbelmalerin künstlerisch tätig, aber auch unternehmerisch: Sie betrieb im Park der Villa die erste österreichische Tamponfabrik. Nach Kriegsende fiel die Fabrik einem Brandanschlag zum Opfer.

Ruhe im Stall

Burgtheater-Schauspielerin Charlotte Wolter (1834–1897), verehelichte Gräfin O'Sullivan de Grass, erwarb 1885 zwei alte Häuser in Weißenbach am Attersee, wo sie viele Sommer verbrachte. War sie besonders erholungsbedürftig, ließ sie ihr Bett in den Kuhstall bringen, um sich dort in der würzigen Stallluft gründlich auszuschlafen.

Als berühmteste Tragödin des 19. Jahrhunderts spielte Charlotte Wolter im Lauf von 35 Jahren im Burgtheater 127 Rollen an 2.103 Abenden. Und alles wartete auf den aus dunklem Mezzosopran ansteigenden „Wolterschrei", der in die Theatergeschichte einging.

Kultstein „Die Hand"

Der Lochstein von St. Nikolay in Sulzbach, Adlwang, ist ein etwa 50 Zentimeter langer Stein mit Rillen an der Oberfläche, die einer Hand genug Raum geben. Er ist das Relikt eines Fruchtbarkeits- und Frauenkults und symbolisiert ursprünglich die Öffnung einer Vagina. Daher wird „Die Hand" für viele Kinderwünsche und Heilerfolge wie etwa bei Gicht verantwortlich gemacht. Ursprünglich befand sie sich an der 1792 abgerissenen Nikolauskirche, jetzt ist sie an der Rückseite des Mesnerhauses.

Älteste Wirtin Österreichs

Im April 2021 starb Österreichs älteste aktive Wirtin Frieda Stranzinger mit 103 Jahren. Bis zuletzt half sie im „Gasthaus Kaiserlinde" in Polling im Bezirk Braunau. Sie wurde im Jahre 1918 und damit kurz vor Ende der österreichisch-ungarischen Monarchie geboren. Ihr Kalbsbraten war legendär und ihre Fitness bewundernswert, bis ins hohe Alter benötigte sie weder Brille noch Medikamente und flog liebend gerne mit ihrer Tochter Elfie auf die Balearen.

70 Jahre lang Marktfrau

Sie war 17, als ihre Mutter sie im April 1951 zum ersten Mal nach Gmunden auf den Wochenmarkt schickte. Anfangs fuhr Johanna Prielinger, wenn möglich, mit dem Zug, aber oft bedeutete das sechzehn Kilometer Fußmarsch hin und retour. Klirrende Kälte war dafür eigenartigerweise ideal: „Da haben wir kerzengerade über die gefrorenen Felder gehen können und sind dabei nicht eingesunken", erinnert sich die heute 87-Jährige. Nach 70 Jahren, die sie jede Woche mit Blumen, Obst, Erdäpfeln, Zwiebeln aus dem Hausgarten und Bauernkrapfen zum Markt nach Gmunden gefahren war, hat sie 2021 schließlich aufgehört.

Fast ebenso lange verkauft Maria Kössler „das, was man jeden Tag braucht", nämlich seit 1956 in ihrer fixen Koje auf dem Südbahnhofmarkt in Linz.

Schlafende Griechin

Die Bezeichnung geht auf eine Sage zurück, aber die Form spricht für sich: Der Erlakogel am Traunsee heißt „Schlafende Griechin". Denn von einer bestimmten Stelle auf der Fahrt von Traunkirchen nach Karbach sieht der Berg aus wie eine liegende Frau mit markanter Nase.

Frühe Frauenfragen

Schriftstellerin Maria von Peteani (1888–1960), die ab ihrem zweiten Lebensjahr in Linz wohnte, war Bestsellerautorin der 1920er-Jahre. Sie thematisierte in ihren 14 publizierten Romanen, die vielfach das soziale Elend von Frauen in der Zwischenkriegszeit schildern, Fragen der sozialen Rolle der Frau und sehr bald schon Prostitution und Frauenarbeitslosigkeit. Auch das Ungleichgewicht im Verhältnis der Geschlechter etwa in der Ehe diskutierte sie in ihren Schriften.

Alle Achttausender

Profibergsteigerin Gerlinde Kaltenbrunner, die in Spital am Pyhrn aufgewachsen war und jetzt am Attersee lebt, ist weltweit die erste Frau, die alle 14 Achttausendergipfel ohne Zuhilfenahme von Flaschensauerstoff und ohne Unterstützung von Hochträgern erreichte.

Erste Soldatin der kaiserlichen Armee

Johanna Sophia Kettner (1721–1802) wollte ihren Traum, Soldat zu werden, verwirklichen und ließ sich mit 17 Jahren in Männerkleidern ihres Bruders in Ried anwerben. Von hier kam sie zur Ausbildung nach München, diente anschließend etwa fünf Jahre in der Armee Maria Theresias und wurde 1747 gar zum Corporal befördert. 1748 wurde sie während einer Erkrankung als Frau erkannt, daraufhin ehrenvoll entlassen und mit 27 Jahren in den Ruhestand versetzt. Maria Theresia gewährte ihr eine lebenslange Unteroffizierspension.

Walk of Fem

Was als temporäres Projekt 2008 begonnen hat, wird seit 2018 fix weitergeführt: der Walk of Fem auf der Donaupromenade zwischen Lentos Kunstmuseum und Brucknerhaus Linz. Die Künstlerinnen Margit Greinöcker und Betty Wimmer haben bis dato 63 goldene Sterne mit Namen bemerkenswerter historischer Frauen-Persönlichkeiten angebracht. Das Leben der Frauen, die damit sichtbarer gemacht werden sollen, wird auf einer Webseite dargestellt.

Wissenschaftliches

In Keplers Salon

Johannes Kepler übersiedelte 1612 von Prag nach Linz. Hier lebte er 14 Jahre lang und beschäftigte sich nicht nur mit dem Kalender, dem Geburtsdatum Christi, das er auf 7 v. Chr. festlegte, und der Weinfassformel, sondern schuf hier 1618 auch das dritte Keplersche Gesetz und publizierte 1619 die „Harmonices Mundi“. In seinem Wohnhaus wird seit dem Kulturhauptstadtjahr 2009 noch heute diskutiert: im Keplersalon in der Rathausgasse 5.

Verschränkter Unterricht

Die Europaschule Linz war die erste öffentliche Schule Österreichs, die nach einem ganztägig verschränkten Unterrichts- und Betreuungsmodell organisiert wurde.

Ältestes Gymnasium

Im Amtsgebäude der Gemeinden Tiefgraben, St. Lorenz und Innerschwand, Mondsee, befand sich das älteste Gymnasium in den Grenzen des heutigen Oberösterreichs, 1514 gegründet.

Erstes Hochhaus Europas

Als solches ging die Sternwarte in Kremsmünster in die Geschichte ein. Das Observatorium und zugleich Museum wurde von einem Ordensmann als „Mathematischer Turm“ 1748 bis 1759 errichtet. Das 50 Meter hohe, erste Hochhaus Europas weist mit seiner Fassadengliederung auf eine klare innere Ordnung hin: Von Geologie und Paläontologie im ersten Stockwerk über Mineralogie, Physik, Zoologie und Botanik weiter zu Anthropologie und Astronomie thront schließlich im siebten Stockwerk die Kapelle neben einer Aussichtsterrasse. Seit 1762 wird hier kontinuierlich das Wetter aufgezeichnet.

Jodsole für die Augen

Die einzige Jodsole Österreichs für Augentherapien befindet sich in Bad Hall.

Ein neues Weltbild

Zwischen 1422 und 1500 begannen 67 Männer aus dem damals kleinen Peuerbach in Wien zu studieren – bei den geringen Studentenzahlen der damaligen Zeit eine sensationelle Zahl. Einige bereiteten gar die Revolutionierung des Weltbildes in der Frühen Neuzeit vor, allen voran Georg von Peuerbach (1423–1461), Zentralfigur der Wiener astronomischen Schule des 15. Jahrhunderts: Er entwickelte die Taschensonnenuhr, führte die Sinus-Rechnung in die Mathematik ein und schrieb das erfolgreichste Astronomie-Lehrbuch der Frühen Neuzeit, das Planetenbuch, das noch 200 Jahre lang verwendet wurde und Kopernikus zu seinen Ideen anregte. Peuerbach war der Erste, der einem Punkt im All eine elipsenähnliche Bahn zuordnete, was Kepler maßgeblich beeinflusste. Und er war weltweit erster Universitätsprofessor speziell für Astronomie. Der Kometor des Künstlerpaares Manfred und Billa Hebenstreit in Peuerbach setzt der „Stadt der Sterne“ ein Denkmal.

Das achte Weltwunder

1775 legte der Fürstlich Schwarzenbergische Ingenieur Joseph Rosenauer Pläne vor, die Wasserscheide zwischen Moldau und Donau – und damit zwischen Nordsee und Schwarzem Meer – über einen Kanal von der Großen Mühl bei Haslach im Mühlviertel in den damals den Fürsten Schwarzenberg gehörenden Böhmerwald zu überwinden. Ziel war, einen Transportweg zu schaffen, der das an Holzmangel leidende Wien mit Holz aus dem Böhmerwald versorgen sollte. Der Schwarzenberger Schwemmkanal wurde oft als ingenieurtechnische Meisterleistung bezeichnet und im 19. Jahrhundert gar als achtes Weltwunder gefeiert. Etwa acht Millionen Raummeter Brennholz wurden hier transportiert. Zur Hochblüte war er 52 Kilometer lang, hatte sogar einen 419 Meter langen unterirdischen Tunnel, 87 Brücken und wurde gespeist durch 22 Bäche.

Hochschulstadt

Kaum zu glauben, Linz hat fünf Universitäten: die Johannes Kepler Universität Linz als älteste, die Kunstuni Linz, die Anton Bruckner Privatuniversität Linz, die Katholisch-theologische Uni und die Sigmund Freud Privatuniversität. Einen der vier Fachhochschulstandorte im Land hat die Stadt auch, und die beiden Pädagogischen Akademien wurden in den Rang von Hochschulen erhoben.

„Schnepfenstrauß, Fürst von Österreich"

Der Linzer Ethnograf und Ornithologe Andreas Reischek (1845–1902), gelernter Bäcker, später Tierpräparator und Kustos des Oberösterreichischen Landesmuseums in Linz, bereiste von 1877 bis 1889 insgesamt acht Mal Neuseeland. Dort erforschte er das Māori-Königsland im Zentrum der Nordinsel, das für Europäer damals verboten war. Reischek erlangte eine Ausnahmegenehmigung und das Vertrauen des Māori-Königs Tawhiao, der ihm den Ehrentitel Ihaka Reiheke Te Kiwi Rangatira Autiria („Andreas Reischek, der Schnepfenstrauß, Fürst von Österreich") verlieh. Von seinen Reisen brachte er unter anderem eine Vogelsammlung mit 16.000 Objekten und zwei mumifizierte Māori-Leichname mit, die er dem Naturhistorischen Museum in Wien und dem Linzer Museum Francisco Carolinum übergab.

Schüler Ludwig Wittgenstein

Die Gründung der Fadingerschule Linz ist maßgeblich einem Prominenten zu verdanken: Adalbert Stifter, der in seinem Brotberuf als Landesschulinspektor arbeitete. Als solcher setzte er sich für eine Linzer Realschule ein und schaffte es, das damalige Gebäude des Gewerbevereins in der Steingasse 1851 als Unterrealschule und 1852 als Oberrealschule einzurichten. Eine Gedenktafel erinnert an einen ehemaligen Realschüler, den berühmten Philosophen Ludwig Wittgenstein (1889–1951). Diesen trennten altersmäßig nur sechs Tage von Adolf Hitler, aber sonst so gut wie alles, denn in dieselbe Schule gingen sie nur ein Jahr lang.

Bildnachweis

Shutterstock/Firn: Einband vorne; Innviertel Tourismus_Muehlleitner: Innenklappe vorne; Linz Tourismus/Romeo Felsenreich: S. 6; Linz Tourismus/TK: S. 7; TVB Attersee Attergau/Klaus Costadedoi: S. 8; WTG und Salzburg AG: S. 9; Brothers Braunau: S. 11; Foto Lui: S. 12; brainpark.traunsee: S. 13, 134; OTG/Höfer: S. 14; OTG/Okolicsanyi: S. 15; Rita Newman: S. 16; OÖT/Heilinger: S. 18; Rita Atzwanger: S. 19; TVB Region Wels: S. 20; Christian Fuxjäger: S. 21; OÖN/Buttinger: S. 23; wau-effekt.at: S. 24, 91, 96, 100, 104, 110, 117; TVB Mondsee-Irrsee: S. 25; blattfisch: S. 26; W. Diesenreiter: S. 28 oben; Michael Hohla: S. 28 unten; OÖT/Erber: S. 30; M. Hauser: S. 32; R. Leitner: S. 33; Barbara Derntl: S. 34; Gerda Strasser: S. 35; Viorel Munteanu: S. 37; Ferienregion Böhmerwald: S. 38, 140; Werner Kerschbaummayr: S. 39; Wolfgang Simlinger: S. 40; Linz Tourismus: S. 41, 52, 77; Wolfgang Hack: S. 44; TVB-Attersee-Attergau/Johanna-Kiebler: S. 46; Reinhold Weissenbrunner: S. 48/49; rubra: S. 50; Shutterstock/Cholpan: S. 51; iconic-turn.com: S. 54; Salinen Austria: S. 55; Ennshafen: S. 57; Von Gryffindor - Eigenes Werk, CC BY 2.5, https://commons.wikimedia.org/w/index.php?curid=1230417: S. 58; Shutterstock/Viktor1: S. 59; OÖT/Andreas Röbl: S. 60; WGD Donau OÖT/Peter Podpera: S. 61, 64; sonaar.at: S. 63; OÖT/Patrick Langwallner: S. 65; TVB Innviertel: S. 66; Linz Tourismus/Melanie Schillinger: S. 68; Marco Leiter: S. 69; TVB Steyr: S. 70; OÖT/Enzlmüller: S. 72; Linschinger: S. 73; Bauernkrapfenschleiferei: S. 74; C. Werner: S. 75, 81; WGD Donau OÖT/Erber: S. 78; Land OÖ/Heinz Kraml: S. 79; Max Grabmann: S. 82; Ars Electronica/M. Hieslmair: S. 84; OÖT/Robert Maybach: S. 85; Linz Tourismus/Laurene Philippot: S. 87; Pablo Wünsch Blanco: S. 88; Christopher Sonnleitner: S. 89; TV Linz/A. Röbl: S. 90; TVB Bad Hall/Weissenbrunner: S. 92; OÖT/Marc Schwarz: S. 93; TV Schärding: S. 98; Messe Ried GmbH: S. 101; Bernhard Stadlbauer: S. 102; Andreas Kepplinger: S. 103; Traugott: S. 106/107; Hans Koberger: S. 109; John Atkinson: S. 111; Volker Weihbold: S. 113, 119, 133, 136; WTG und Salzburg AG: S. 114; Lenzenweger: S. 115; badischl.at: S. 118; Flightlog: S. 121; OÖT/Heilinger: S. 122; Hans Hartl ARGE Streuobst: S. 124; By Isiwal/Wikimedia Commons/CC BY-SA 4.0, CC BY-SA 4.0, https://commons.wikimedia.org/w/index.php?curid=42729688: S. 126; Violetta Wakolbinger: S. 128; Shutterstock/Triff: S. 129; Von Johann Jacob de Lose - Ursprung unbekannt, Gemeinfrei, https://commons.wikimedia.org/w/index.php?curid=439696: S. 130; OÖT/hochzwei.media: S. 135; Walter Ebenhofer: S. 137; Stift Kremsmünster: S. 138; Linz Tourismus/L. Eckerstorfer: S. 142.

Besonderer Dank für die großartige Unterstützung, für die wertvollen Hinweise und das umfangreiche Fotomaterial geht an die OÖTourismus GmbH!
www.oberoesterreich-tourismus.at

Impressum

Sutton Verlag GmbH
Arnstädter Straße 8
99096 Erfurt
www.suttonverlag.de

ISBN: 978-3-96303-345-2
Druck: Florjančič Tisk d.o.o. / Slowenien
Gestaltung und Herstellung: Sutton Verlag
Lektorat: Michael Raffel